호감 가는 목소리의 8가지 비밀

보이스 트레이닝

타고난 목소리, 내가 원하는 목소리로 만들 수 있습니다.

안녕하세요. 보이스 트레이너 배윤희입니다.
이 책을 읽고 계신 분이라면, 목소리에 상당한 관심이 있으실 텐데요.
어떤 점을 개선하고 싶으신가요?

이 질문에 명확한 목표를 떠올리는 분도 있겠지만, 막연하게 좋은 목소리를 갖고 싶다고 생각한 분도 있을 것 같습니다.

그렇다면, 좋은 목소리란 무엇일까요?
좋은 목소리에 대한 정의는 많겠지만, 이 책에서는 '전달력'과 '호소력' 있는 목소리로 정의하였습니다.

'전달력 있는 목소리'란 쉽게 말해, 무슨 말을 하는지 잘 들려야 한다는 건데요. 목소리가 작고 웅얼거려서 또는 말이 너무 빨라서 상대방의 말을 제대로 듣지 못했을 때 있으시죠? 한두 번이야 "뭐라고?" 되물어볼 수 있겠지만, 반복된다면 굉장한 피로감을 느끼게 됩니다. 때로는 다시 되묻기 귀찮아서 대충 듣거나 알아들은 척을 하고 넘어갈 수도 있죠. 그렇게 되면, 말의 내용이 의도와 다르게 전달되기도 합니다. 이처럼 목소리는 말을 전달하는 매개 중 하나이기 때문에 상대방과 소통을 잘 하기 위해서 전달력 있는 목소리는 매우 중요합니다.

'호소력 있는 목소리'란 강한 인상을 주어 마음을 사로잡을 수 있는 목소리를 말합니다. 같은 말도 누가 하느냐에 따라 느낌이 달라지죠. 우리가 매일 하는 인사 "안녕하세요."도 목소리 톤을 어떻게 하느냐에 따라, 말투를 어떻게 하느냐에 따라 전혀 다르게 연출할 수 있습니다. 유치원 선생님이 아이들에게 하는 인사와 뉴스 앵커가 시청자에게 하는 인사를 생각해보면 느낌이 완전히 다르죠. 우리는 단순한 전달을 넘어 설득을 해야 하는 상황에 자주 놓이게 됩니다. 그럴 때, 호소력 있는 목소리는 여러분의 이야기를 더욱 가치 있게 만들어줄 것입니다.

그렇다면, 좋은 목소리는 타고나는 걸까요?
부모님 또는 형제, 자매와 목소리가 비슷한 걸 보면, 유전적인 영향이 있다고 봐야겠죠. 하지만 더 중요한 건 자신의 습관입니다. 제 수강생 중에 말을 조곤조곤 작게 하는 분이 계셨는데요. 그 이유를 알아보니, 목소리가 무척 큰 아버지 밑에서 자라면서 '나는 상대에게 위협적인 모습으로 보이지 않았으면 좋겠다'고 생각해, 작은 목소리로 말하게 되었다고 합니다. 그러다 보니, 자신의 목소리가 작은지도 모를 정도가 되었고요. 저와 보이스 트레이닝을 할 때 "목소리 조금만 더 크게 내보세요!"라고 하면, "이렇게 말하면 너무 크지 않나요?"라고 말할 정도로 소리를 입 밖으로 크게 내는 걸 매우 어색해했습니다.

또, 말이 너무 빨라서 고민이라는 입시학원 강사 분도 계셨습니다. 정해진 시간 안에 수업 진도를 나가야 되고, 같은 내용을 반복해서 가르치다 보니 자신도 모르게 말이 빨라졌다고 합니다. 말이 너무 빨라서 잘 안 들린다는 학생들의 피드백도 있었고, 심지어 수업을 녹음하는 학생들까지 생겨 나름 천천히 말하려고 노력했지만, 혼자서는 한계가 있어 저를 찾아오신 것이었습니다.

저 역시 강사를 하기 전과 비교해보면 목소리가 정말 많이 달라졌습니다.
아무래도 다른 사람에게 강의 내용을 전달해야 하기에 천천히, 크고 정확하게 말하려고 노력했기 때문이겠죠.

이처럼 음색은 타고날 수 있지만, 전달력 있는 목소리와 호소력 있는 목소리는 환경에 의해 영향을 받아 만들어진 것입니다. 하나의 습관이라고 볼 수 있겠죠. 따라서 새로운 습관을 들이고 익숙해진다면, 충분히 원하는 목소리를 만들 수 있습니다. 단, 많은 노력이 필요한 건 사실입니다. 어떻게 보면 지금의 목소리는 여러분이 만들었다고 해도 과언이 아닙니다. 중요한 건, 지금까지는 어떤 목적 없이 그저 말하기 쉽고 편한 목소리를 사용했다면, 이제는 '여러분이 원하는 목소리'라는 목표를 갖고 훈련하셔야 합니다.

이 책에는 지난 10여 년간 보이스 트레이너로서 여러 수강생들을 교육하며 얻은 저만의 노하우를 담았습니다. 그리고 가장 많이 접했던 목소리 고민을 8가지 유형으로 분류하여 이에 대한 솔루션을 제시하였습니다. 최대한 셀프 트레이닝 할 수 있도록 쉽게 구성하였으니, 책에 적혀있는 방법대로 차근차근 훈련하면 목소리의 변화를 제대로 느끼실 수 있을 겁니다.

이제 여러분의 연습과 실행만 남았습니다. 눈으로만 읽지 마세요. 입을 열고 소리를 내면서 반복적으로 훈련하세요.

목소리가 달라지면, 인생이 달라진다는 말 아시죠?
그 놀라운 변화를 직접 경험해보시기 바랍니다.

당신의 보이스 트레이너, **배윤희**

목차

프롤로그

타고난 목소리, 내가 원하는 목소리로 만들 수 있습니다.

워밍업 보이스 트레이닝 준비하기

Type 1 작고 힘없는 목소리

숨어있는 여러분만의 목소리를 찾는 순간, 인생은 달라집니다.

보이스 트레이닝 준비하기

'힘 좀 빼세요!' 이 말 많이 들어보셨죠? 무언가를 배울 때 힘을 주는 것보다 힘을 빼는 것이 더 어렵습니다. 처음에는 긴장을 해서 몸에 잔뜩 힘을 주게 되는데요. 잘하고 싶은 마음이 커질수록 우리 몸은 더욱 경직되기 쉽죠. 이럴 때 필요한 것이 바로 '마음의 여유'입니다. 책장을 넘길 때마다 마음의 여유를 가지고 보이스 트레이닝에 임해주세요.

보이스 트레이닝
START

이름 :

훈련 시작일 :

각오 한마디 :

안녕하세요.

보이스 트레이닝을 하게 된 _____ 입니다.

제가 보이스 트레이닝을 시작하게 된 계기는

1. _____

2. _____

3. _____

보이스 트레이닝을 통해 다음과 같은 모습으로 변화하고 싶습니다.

1. _____

2. _____

3. _____

+ 나의 목소리 type 바로 알기

훈련하기에 앞서 가장 먼저 해야 할 것은 여러분의 목소리 유형을 아는 것입니다. 유형을 알아야 정확한 솔루션을 통해 교정할 수 있기 때문이죠. 요즘에는 마음만 먹으면 쉽게 정보를 얻을 수 있습니다. 하지만, 정작 자신에게 필요한 정보가 무엇이고 어떤 부분을 훈련해야 하는지 명확하게 파악하는 것은 어렵습니다.

예를 들어, 목소리가 작아 고민인 분이 있었는데요. 혀에 힘을 주라는 유튜브의 한 영상을 보고 매일 훈련했다고 합니다. 하지만, 혀에 무리하게 힘을 주다 보니 오히려 발음이 꼬이고, 나중에는 말을 많이 하면 혀에 피로감을 느낄 정도였다고 합니다. 사실 그분은 호흡과 발성법에 대한 솔루션이 필요한 상황이었지, 발음 문제는 전혀 아니었습니다. 또한, 우리나라 한글 발음 중 혀에 힘을 무리하게 주는 발음은 없습니다. 당연히 혀의 힘을 주고는 말을 자연스럽게 할 수 없었겠죠? '정확한 훈련법을 알았다면 노력과 시간을 허비하지 않았을 텐데' 하는 아쉬움이 드는 사례였습니다. 이처럼 정확한 원인과 훈련법을 알아야 좋은 효과를 볼 수 있다는 점, 꼭 기억하세요.

이 책은 총 8개의 목소리 type과 그에 맞는 훈련법으로 구성하였습니다. 물론 혀 짧은 소리나 사투리 억양 교정처럼 목적이 명확하신 분은 목차를 보고 해당하는 페이지에서 바로 트레이닝 하시면 됩니다. 반면, "저는 다 문제인 것 같아요."라고 생각하거나, "저는 말도 빠르고 호흡도 가쁘고, 발음도 안 좋고요…"라며 전반적으로 목소리를 교정하고 싶은 분이 계실 겁니다. 이처럼 어떤 점을 개선해야 하는지 잘 모르는 분들을 위해 각 유형별 훈련대상과 훈련효과에 대해 이해해보는 시간을 준비했습니다.

여러분은 어떤 목소리 type인지 살펴볼까요?

Type 1. 작고 힘없는 목소리

> 대학교 3학년 학생입니다. 저는 평소에도 말을 크게 하지는 않지만 학교에서 과제 발표를 할 때, 더 작아지는 목소리 때문에 자신감이 없어 보인다는 말을 많이 듣습니다. 다른 친구들을 보면 저와 내용에는 별반 차이가 없는데, 목소리가 커서 그런지 발표 내용도 더 잘 들리는 것 같아요. 자신감이 없다 보니 목소리도 떨리고, 그러다 보니 떨림이 티 날까봐 자꾸 발표를 미루게 됩니다. 사실 저도 발표를 잘해서 좋은 점수를 받고 싶은데 이런 저의 자신감 없는 목소리도 바꿀 수 있을까요?

위 사례처럼 목소리는 이미지에 매우 많은 영향을 끼칩니다. 목소리가 크면 자신감 있어 보이는 게 사실이죠. 이러한 사실을 알면서도 대다수 사람들은 자신감이 없어서 목소리를 작게 내는 경우가 많습니다. 이때 청중들은 여러분의 목소리 크기를 듣고 자신감을 추측한다는 것을 기억해야 합니다. 그렇다고 무작정 목소리를 크게 내면 너무 딱딱하거나 어색해질 수 있습니다. 호흡을 기반으로 발성 연습을 하면 목에 무리가 가지 않으면서 풍성한 음성을 만들 수 있습니다.

목소리가 떨리는 이유는 긴장을 했기 때문이고, 그러한 원인에는 준비 부족인 경우가 많습니다. 하지만, 모든 사람이 긴장을 했다고 해서 목소리가 떨리지 않습니다. 이 점을 중요하게 생각해야 합니다. 목소리에 떨림이 드러난다는 것은 힘이 없기 때문입니다. 따라서 힘 있는 목소리를 통해 발표의 긴장감까지 이겨낼 수 있어야 합니다. 보통은 목소리에 떨림이 있을 때, 다른 사람들이 알아차릴까봐 더 작은 목소리로 발표를 하게 되는데요. 오히려 힘없는 목소리는 쉽게 흔들리고 불안해질 수 있습니다.

따라서 복식호흡과 정확한 발성법을 통해 말끝까지 힘 있는 목소리를 만들어 보시기 바랍니다.

📢 훈련대상
– 목소리가 작아서 다른 사람이 잘 못 알아들을 때가 많다.
– 긴장을 하면 목소리가 떨리고 불안해진다.
– 말을 많이 하거나 긴장을 하면 호흡이 가빠진다.
– 숨을 참고 말하는 습관이 있어 답답함을 느낀다.
– 목소리 톤이 높은 편이라 중저음의 신뢰감 있는 목소리 톤을 만들고 싶다.
– 말끝을 흐리는 습관이 있다.
– 목소리를 크게 내고 싶은데 방법을 모르겠다.

📢 훈련효과
복식호흡을 훈련하고, 이를 활용하여 안정적인 발성 습관을 가지게 된다.
– 크고 힘 있는 목소리를 통해 말의 전달력을 높일 수 있다.
– 좀 더 자신감 있는 스피치나 발표를 할 수 있다.
– 안정된 호흡을 통해 말을 편안하게 이끌어 갈 수 있다.
– 복식호흡을 통해 지금보다 안정된 목소리로 차분하게 말할 수 있다.
– 숨을 내쉬면서 말할 수 있어, 답답함이 해소된다.

Type 2. 잠기고 갈라지는 목소리

40대 직장인입니다. 성대가 약해서 목소리가 잘 쉬는 편인데요. 말을 조금만 많이 해도 목이 아프고 잠겨서 말할 기회가 있으면 자꾸 피하게 됩니다. 목소리를 크게 하면 나아질까 싶어 연습해봤는데, 오히려 목에 더 무리를 주는 것 같아서 고민만 하고 있습니다. 이런 것도 훈련으로 나아질 수 있을까요? 저도 깨끗하고 맑은 목소리를 갖고 싶습니다.

위 사례처럼 말을 조금만 많이 해도 목소리가 쉽게 잠기고 갈라지는 분들이 계십니다. 성대 결절과 같이 이비인후과 치료를 받아야 하는 정도가 아니라면, 충분히 올바른 발성법으로 맑은 목소리를 낼 수 있습니다. 대부분 성대가 약하다고 생각하시는데 실제로는 성대가 약하기보다는 목에 힘을 줘서 소리를 내는 잘못된 습관이 원인입니다.

또한, 이러한 잠김 현상은 말을 시작하는 부분보다는 말끝에서 많이 이뤄지는데요. 보통 말끝은 음이 떨어지는 구간이기 때문에 목에 힘을 주며 말하기 쉽습니다. 따라서 목에 힘을 빼고 울림을 통해 소리를 멀리 뻗는 공명발성법 훈련으로 개선할 수 있습니다.

📣 훈련대상
- 말을 많이 하면 목이 아프고 쉽게 잠긴다.
- 말끝 소리가 갈라져 또렷한 이미지로 보이지 않는다.
- 허스키한 목소리가 고민이다.
- 긴장하지 않아도 목소리 자체가 불안하다.
- 평소 성대가 약한 편이라고 생각한다.

📣 훈련효과
공명발성법을 훈련하고, 이를 활용하여 목에 무리를 주지 않는 발성 습관을 가지게 된다.
- 탁한 목소리를 개선하여 밝은 이미지를 만들 수 있다.
- 말끝 소리까지 명확하게 표현하여, 좀 더 또렷한 이미지를 연출할 수 있다.
- 목에 힘을 주는 습관을 개선하여 좀 더 편안한 음성을 낼 수 있다.
- 잠기고 갈라지는 불안한 음성을 개선할 수 있다.

Type 3. 웅얼거리는 목소리

중학교 아들을 둔 학부모입니다. 아들과 대화를 하다 보면 아들의 목소리가 입에서만 맴도는 것 같은 느낌이 듭니다. 웅얼거리는 목소리를 탁 트이게 했으면 좋겠는데, 방법을 모르겠습니다. 내성적인 성격이라 더 그런 것 같기도 하고요. '사춘기라 그러려니...' 하고 생각했는데, 앞으로도 자기표현을 잘 하지 못할까 봐 걱정이 됩니다. 남편은 '아직 어려서 그렇고 시간이 지나면 다 해결된다.'라고 하는데, 정말 그냥 둬도 나중에는 좋아질까요? 웅얼거리는 목소리는 어떻게 개선하면 좋을까요?

위 사례처럼 입에서만 말이 맴도는 것 같이 웅얼거리는 목소리로 말하는 분들이 있습니다. 그래서 듣는 사람은 답답함을 느끼기도 하고 다소 소극적인 이미지로 보이기도 합니다. 웅얼거리는 목소리는 발성법보다는 발음 훈련이 필요한 유형인데요. 입모양은 발음에 결정적인 영향을 줍니다. 입을 크게 벌리지 않거나, 마치 복화술을 하는 것처럼 말을 한다면 당연히 해당 글자의 소리가 정확하게 들리지 않겠죠. 안 좋은 습관은 시간이 지난다고 해서 자연스럽게 해결되지 않습니다. 오히려 안 좋은 습관을 계속 유지하면 나중에 고치기 더 어려울 수도 있습니다.

발음을 할 때 입술을 움직이는 것은 입 주변 근육입니다. 근육이 유연하지 않고 경직될수록 입술의 움직임 역시 둔해지기 마련입니다. 어린아이들보다 나이 많은 분들이 입술의 움직임이 현저히 적은 걸 보실 수 있죠. 따라서 입 주변 근육을 유연하게 만들고 정확한 발음 소리를 낼 수 있는, 모음발음법 훈련을 시작한다면 웅얼거림을 충분히 교정할 수 있습니다.

📢 훈련대상

- 목소리가 웅얼거린다.
- 발음이 부정확하다.
- 입을 크게 벌리지 않고 말하는 습관을 가지고 있다.
- 입을 크게 벌리려고 하면, 입 주변 근육이 마구 떨린다.
- 웃을 때도 얼굴 근육이 부자연스럽다.
- 입꼬리가 아래로 처져 있다.

📢 훈련효과

모음발음법을 훈련하고, 입모양을 부지런히 움직여서 발음을 명확하게 표현할 수 있다.

- 웅얼거리는 목소리를 교정할 수 있다.
- 답답한 이미지를 개선할 수 있다.
- 발음이 정확해지면, 스마트한 이미지로 비칠 수 있다.
- 입 주변 근육이 유연해지면서 자연스러운 표정 연습에도 도움이 된다.
- 전달력을 높여 원활한 소통이 가능해진다.

Type 4. 혀 짧은 소리, 새는 발음

> 20대 아나운서 지망생입니다. 어렸을 적부터 발음이 좋지는 않았지만, 크게 개의치는
> 않았어요. 그런데 아나운서를 준비하면서 'ㅅ' 발음이 샌다는 지적을 받으니까 더 발음
> 에 신경을 쓰게 되더라고요. 계속되는 지적에 위축이 되기도 하고요. 나름 신경쓰며 노
> 력을 했지만, 크게 개선이 되지 않는 것 같습니다. 제가 혀가 좀 짧아서 그런 것 같은데
> 수술을 받을 수도 없고, 아나운서를 포기해야 하나 걱정입니다. 'ㅅ' 발음처럼 혀 짧은
> 소리도 교정이 될까요?

위 사례처럼 혀 짧은 소리나 새는 발음 때문에 고민인 분들이 많으신데요. 제가 운영
하는 아카데미에는 아나운서나 성우 지망생들 외에도, 일반 직장인이나 대학생들도 'ㅅ,
ㅈ, ㅊ, ㄹ' 발음 고민으로 트레이닝 하시는 분들이 꽤 많습니다. 특히 'ㅅ, ㅈ, ㅊ, ㄹ' 발
음이 잘 안 될 경우 다른 발음에 비해 더욱 어눌하게 보일 수 있는데요. '숲속을 샅샅이'
라는 말을 할 때, 'ㅅ' 발음이 'th' 발음으로 들리거나 '우리나라'를 '우디나라'로 발음하게
되면 상당히 어눌해 보입니다. 그래서 어떤 분들은 안 되는 발음을 피해서 다른 단어로
대체해서 말씀하시기도 합니다.

또, 최근에는 'ㅈ, ㅊ' 발음이 새는 분들이 꽤 있는데요. 마치 사탕을 문 것처럼 들리거
나 침이 고인 것처럼 들리는 경우인데, '지'를 '기'로, '치'를 '키'로 발음하거나 '자'를 '쟈'로
발음하는 유형입니다. 어떤 분은 본인은 '차장님'이라고 말했는데 상대방이 '사장님'으로
잘못 알아들어 곤욕을 치렀다는 이야기를 해주시기도 했습니다.

이러한 혀 짧은 소리나 새는 발음은 흔히 혀의 길이와 상관이 있다고 생각하는데, 절대
그렇지 않습니다. 물론 'ㄹ' 발음이 안 되는 분들 중 설소대˚가 혀의 앞 쪽에 자리하여 혀
가 입천장에 닿지 않는 경우라면, 설소대 위치 이동 수술이 필요합니다. 하지만, 이를 제
외한 모든 혀 짧은 소리, 새는 발음은 혀의 길이와 전혀 상관이 없습니다. 이는 입천장에

˚설소대 : 혀의 아랫바닥과 입의 점막을 잇는 띠 모양의 힘살

붙는 혀의 위치가 잘못되었기 때문입니다. 따라서 입천장에 붙는 혀의 위치, 즉 음이 만들어지는 조음점을 정확히 알고 훈련하는 것이 중요한데요. 자음발음법 훈련을 통해 의외로 쉽게 정확한 발음으로 교정할 수 있습니다.

📢 훈련대상
  - 특정 발음이 새거나 혀 짧은 소리가 난다.
  - 'ㅅ, ㅈ, ㅊ, ㄹ' 등의 발음이 불명확해서 어눌하게 보인다.
  - 자음의 정확한 조음점을 알고 싶다.
  - 발음이 뭉개지거나 정확한 소리가 나지 않는다.
  - 좀 더 명료한 발음으로 또박또박 말하고 싶다.

📢 훈련효과
자음발음법을 훈련하고, 자음의 정확한 조음점을 파악하여 명료한 목소리로 말할 수 있다.
  - 혀 짧은 소리 또는 새는 발음을 개선할 수 있다.
  - 어눌하거나 어리숙한 이미지를 개선할 수 있다.
  - 자음의 조음점을 정확히 이해하여, 정확하게 발음할 수 있다.
  - 발음의 음가가 정확해지면서, 좀 더 또렷한 이미지를 만들 수 있다.
  - 발음에 대한 자신감으로 의사소통에 대한 두려움을 해소할 수 있다.

Type 5. 지루한 목소리

> 저는 50대 자영업자입니다. 사업을 하다 보니 이런저런 모임을 많이 갖게 되는데, 얼마 전에는 한 모임의 회장을 맡게 되었습니다. 인사말은 물론 여러 행사에서 말을 해야 하는 상황이 많을 거 같은데, 제가 말하기에 영 소질이 없습니다. 제 목소리는 제가 들어도 참 억양이 없고 지루한 편입니다. 말 잘 하는 사람들을 보면 말에 강약이 있어서 귀에 잘 들리잖아요. 이런 건 타고나는 건가요? 아니면 훈련으로 고칠 수 있는 건가요?

우리 주변에도 말을 참 맛깔나게 하는 표현력이 좋은 사람들이 있죠. 남의 이야기인데도 자신이 직접 경험한 것처럼 재밌게 말하기도 하고, 또 가만 들어보면 별 얘기도 아닌데 그 사람이 말하면 웃긴 얘기가 되고 말이죠. 또 반대로 어떤 사람은 재밌는 이야기도 잘 살리지 못해서 무슨 이야기든 다큐가 되는 썰렁한 분위기를 만들기도 합니다.

이런 경우 실제로 말의 내용보다는 말하는 사람이 얼마나 신나게 표현을 했느냐가 관건입니다. 목소리를 신나게 표현하는 방법을 배우면 누구든지 말 잘 하는 사람처럼 보일 수 있습니다. 그 비밀은 바로 '리듬'에 있습니다. 사람들은 각자 자신만의 말의 리듬을 가지고 있습니다. 어떤 사람은 한 음으로 밋밋하게 말해서 지루함을 주지만, 또 어떤 사람은 말에 높낮이와 강약이 있어 마치 노래를 부르는 듯한 느낌으로 리드미컬하게 표현하죠. 이처럼 리듬을 넣어 말한다면, 단조롭지 않게 귀에 쏙쏙 꽂히는 목소리를 만들 수 있습니다.

사실 이러한 표현력은 성격을 반영하기도 합니다. 내성적인 사람보다는 외향적인 사람이 더 감정 표현에 익숙하죠. 그래서 목소리도 크고, 말의 높낮이도 다양합니다. 하지만, 아무리 내성적인 사람도 부모가 되어서 아이에게 책을 읽어줄 때는 동화구연가 못지않은 연기력을 발휘합니다. 따라서 자신의 이야기가 다른 사람에게 잘 전달되기를 바라는 마음이 있다면, 약간의 스킬만으로도 누구든지 전달력 있는 목소리로 바꿀 수 있습니다.

📣 훈련대상

– 목소리가 단조롭고 밋밋하다.

– 목소리 톤에 변화가 없어서 지루하게 들린다.

– 사람들이 자신의 말에 집중하지 않는 것 같다.

– 시끄러운 곳에서 말을 하면 목소리가 묻혀 전달이 잘 안된다.

– 호소력과 전달력 있는 목소리를 갖고 싶다.

– 표현력이 부족해서 훈련이 필요하다.

📣 훈련효과

리듬보이스를 훈련하고, 호소력과 전달력 있는 목소리를 만들 수 있다.

– 생동감 있는 목소리로 변화할 수 있다.

– 말에 강약과 높낮이가 있어 전달력을 높일 수 있다.

– 자신의 생각을 좀 더 호소력 있게 표현할 수 있다.

– 부드러우면서도 자연스러운 목소리로 말할 수 있다.

– 좀 더 여유 있고 세련된 목소리를 연출할 수 있다.

Type 6. 빠른 목소리

30대 한의사입니다. 평소 말이 좀 빠른 편이긴 하지만, 일상생활에서는 크게 불편함이 없었습니다. 하지만 진료를 할 때, 환자분들이 제 말을 잘 알아듣지 못해서 두세 번씩 이야기하는 일이 반복되더라고요. 또, 말이 빠르니까 성격도 급해 보일 거 같고, 한의사 이미지와 맞지 않게 가볍고 신뢰감이 부족해 보이는 것 같습니다. 말이 빨라서 그런지 발음도 꼬이고 버벅거리기도 하고요. 말을 천천히 해보려고 노력하는데 잘되지 않습니다. 말을 천천히 하는 게 정말 어색하고, 다른 사람이 봤을 때 이상하게 보일 거 같기도 하고요. 어느 정도로 말을 천천히 해야 하는지 정말 궁금합니다.

말의 속도는 성격을 많이 대변합니다. 성격이 느긋하면 말이 느리고, 성격이 급하면 말도 빠르죠. 하지만 성격 탓으로만 생각하기에는 어려움이 있습니다. 왜냐하면 우리는 목소리를 상황과 목적, 듣는 대상에 맞게 활용할 수 있어야 하기 때문이죠. 평소 말이 빠르지만 업무적으로 신뢰감을 줘야 하는 상황에 놓이면, 좀 더 천천히 또박또박 말을 해야 합니다.

그러기 위해서는 훈련이 필요합니다. 보통 말이 빠른 분들은 말에 쉼이 없는 경우가 많습니다. 문장과 문장 사이 마침표나 쉼표가 있다면, 그때는 충분히 쉬어야 합니다. 그래야 말하는 사람도 다음 말을 생각하면서 말할 수 있고, 듣는 사람 역시 이해를 한 다음에 다음 정보를 들을 마음의 준비가 되기 때문이죠.

하지만, 말이 빠른 분들은 다른 사람을 이해시켜야 한다는 생각보다는 내가 말해야 하는 내용을 빨리 꺼내고, 쏟아내야 한다고 생각하는 경우가 많습니다. 그러다 보니 속도는 빨라지고, 그 속도는 탄력이 붙어 점점 더 빨라지게 되는 것이죠. 따라서 말이 빠른 편이라면, 충분히 쉬면서 여유 있게 표현해야 합니다. 또한, 말이 빠르면 당연히 말이 꼬이거나 발음이 부정확해질 수밖에 없습니다. 발음이라는 것은 한 글자 한 글자가 가지고 있는 소리를 정확하게 내는 것인데, 말이 빠르면 글자의 소리를 다 내지 않고 넘어갈 가

능성이 크기 때문이죠. 예를 들어 '그러나'를 '그어나'로 발음하거나, '감사합니다'가 '가사
함다'처럼 발음이 뭉개지는 경우가 있습니다.

  그렇다면, 어느 정도의 속도로 말하는 게 적당할까요? 보통 1분에 300자 정도가 적당
하다고 합니다. 하지만, 이렇게 정량적인 기준보다는 상대방이 느끼기에 잘 들리는 것이
중요한데요. 빠르게 말을 하여도 또박또박 발음이 다 들리면 문제 되지 않습니다. 예를
들면, 라디오 교통정보 리포터를 떠올려볼까요? 약 1분 정도의 짧은 시간 동안 많은 정
보를 쏟아내야 하기에 상대적으로 말이 빠른 편입니다. 하지만, 발음이 정확해서 듣기에
불편하지 않죠. 정확한 발음의 영향도 있겠지만, 말의 의미를 잘 전달하기 위해 적절히
쉬어주며 말했기 때문인데요. 말이 빠르다면, 말 정지 훈련을 통해 전달력을 높여보시기
바랍니다.

📢 훈련대상
  – 말이 빠른 편이라 상대방이 잘 못 알아듣는 경우가 많다.
  – 빠르게 말하다 보니 발음이 뭉개진다.
  – 말이 빠른 편이라 호흡이 가빠지기도 한다.
  – 말을 많이 하는 직업이라 상대방에게 신뢰감을 주고 싶다.
  – 말을 천천히 안정감 있게 하고 싶다.

📢 훈련효과
  안정적인 속도로 말하여 신뢰감 있는 이미지로 변화할 수 있다.
  – 안정적으로 말을 하여 상대방에게 정확하게 의견을 전달할 수 있다.
  – 천천히 호흡을 조절하며 말할 수 있다.
  – 적절한 쉼을 통해 전달력을 높일 수 있다.
  – 안정적인 속도 조절을 통해 발음을 명확하게 표현할 수 있다.
  – 차분하고 안정감 있는 이미지를 연출할 수 있다.

Type 7. 차가운 말투 & 아이 같은 말투

사례1] 20대 메이크업 아티스트입니다. 백화점에서 메이크업 쇼를 했는데, 선배로부터 말투가 불친절하다는 피드백을 들었습니다. 제가 평소에 감정 표현을 잘 하지 않는 성격이긴 하지만, 불친절하게 보일 거라고는 전혀 생각하지 않았습니다. 혼자 연습해보려고 해도 어떻게 고쳐야 되는지 알려주는 사람이 없다 보니, 어떤 방향으로 훈련해야 할지 전혀 감을 못 잡겠습니다. 친절해 보이는 말투를 가지려면 어떻게 해야 할까요?

사례2] 30대 직장인입니다. 저는 직장에서 전화로 고객 응대 업무를 하는데요. 저희 회사가 헬스케어 회사다 보니 목소리에서도 신뢰감을 주는 것이 굉장히 중요해요. 그런데 제 목소리가 좀 어리게 들려서 그런지, 고객 응대가 쉽지 않습니다. 어떻게 해야 신뢰감을 주는 말투를 가질 수 있을까요?

감정은 말투에서 많이 드러납니다. 기분이 언짢으면 말이 퉁명스럽게 나가고, 기분이 좋으면 더 부드럽게 말을 하게 되죠. 하지만 고객을 응대하거나 서비스직에 종사하는 분이라면, 기분과 상관없이 상냥하고 신뢰감 있는 말투를 사용해야 합니다. 평소 본인의 말투가 업무를 하는 데 있어 오해를 불러일으킨다면 당연히 변화가 필요합니다.

그래서 훈련이 필요한데요. 말투를 고치려면 말끝을 유심히 신경 써야 합니다. 말투가 딱딱하고 차가운 사람일수록 말끝이 짧고 음이 내려갑니다. 반대로, 친절하고 부드러운 말투로 말하는 사람일수록 말끝이 길고, 음이 올라가는 편인데요. 이러한 포인트를 잘 기억해서 연습하면, 원하는 이미지에 어울리는 말투를 만들 수 있습니다.

또한, 차가운 말투는 목소리 톤이 일정해서 딱딱하게 들릴 수도 있는데요. 좀 더 부드러운 말투로 바꾸고 싶다면, [Type 5. 지루한 목소리]의 리듬보이스 훈련을 같이 하면 도움이 됩니다. 반대로, 목소리 톤이 높을수록 아이 같은 말투로 느껴지기도 하는데요. 이를 개선하기 위해서 [Type 2. 잠기고 갈라지는 목소리]에서 배우는 공명발성법을 함께 훈련하면 중저음의 신뢰감 있는 목소리로 개선할 수 있습니다.

📢 훈련대상

- 말투 때문에 오해를 받는 편이다.
- 상냥한 목소리와 말투로 변화하고 싶다.
- 신뢰감 있는 목소리와 말투로 변화하고 싶다.
- 목소리가 나이보다 어려 보인다는 이야기를 많이 듣는 편이다.
- 서비스직에 종사하여 이미지에 민감한 편이다.

📢 훈련효과

말투 교정을 통해 원하는 이미지에 어울리는 목소리를 표현할 수 있다.
- 상냥한 목소리로 말할 수 있다.
- 신뢰감 있는 목소리로 말할 수 있다.
- 상황에 맞는 말투를 자유롭게 연출할 수 있다.
- 말투 교정을 통해 이미지 변신을 할 수 있다.

Type 8. 사투리 억양

북한 이탈 주민입니다. 아들과 함께 한국에서 생활하고 있는데, 아무래도 억양이 다르다 보니 고향이 어디냐는 이야기를 많이 듣습니다. 북한에서 왔다고 하면 선입견을 갖는 게 싫어서 '강원도'라고 이야기하는데요. 서울말로 억양을 바꾸고 싶은데, 가능할까요?

최근에는 다문화가 공존하다 보니, 억양에 민감하신 분들이 많습니다. 혹자는 '개성이 다'라고 쿨하게 생각할 수 있지만, 또 어떤 분들은 자신의 출신을 밝히는 것이 스트레스로 이어질 수도 있습니다. 그래서 사투리 교정을 생각하는 분들이 계시는데요. 결론부터 말하면, 사투리 억양 교정은 가능합니다. 지방색이 드러나는 억양과 표준 억양(이 책에서는 서울말을 표준 억양으로 칭하겠습니다)의 차이를 이해하고, 표준 억양을 반복적으로 훈련하면 충분히 개선됩니다. 단, 장시간의 노력이 필요합니다.

사투리 억양을 교정할 때는 같은 한국말이지만, 마치 새로운 언어를 배운다는 마음이 필요한데요. 사투리 교정은 이해를 하기에 앞서 듣는 귀가 열려야 합니다. 따라서 이 책의 트레이닝 영상을 반복적으로 청취하면서 따라 하는 것이 가장 좋습니다. 또한, 드라마나 TV 프로그램에서 표준 억양을 구사하는 사람이 있다면 따라 해보는 것도 좋습니다. 반복적으로 훈련하다 보면 사투리 억양과 표준 억양의 차이를 이해할 수 있습니다. 사투리 억양은 직선 소리에 가깝고 억양이 많은 편입니다. 하지만, 표준 억양은 사투리 억양에 비해 부드러운 곡선 소리의 느낌이며, 억양이 단조롭습니다. 이러한 차이를 이해하면서 훈련한다면 누구나 세련된 억양을 만들 수 있습니다.

📢 훈련대상

– 지방색이 짙은 억양을 가지고 있다.

– 강원도, 경상도, 전라도 등 특정 지역의 억양을 교정하고 싶다.

– 중국인, 북한 이탈 주민 등 특색이 짙은 억양과 발음을 구사하고 있다.

– '사투리를 쓰는 것 같다'는 오해를 종종 받는다.

📢 훈련효과

사투리 억양을 표준 억양으로 개선할 수 있다.

– 억양 교정으로 세련된 이미지를 만들 수 있다.

– 선입견에서 해방되어 자신감을 높일 수 있다.

+ 훈련 방향 설정하기

앞서 목소리 type과 훈련대상, 훈련효과에 대해 알아봤는데요. 목소리의 구성 요소들은 서로 연관성이 매우 큽니다. 하나의 솔루션만 훈련하기보다는 여러 훈련을 함께 하시면 훨씬 효과가 좋습니다. 아래 내용을 참고해서 제시된 순서대로 훈련해보세요.

목소리도 작고 발음도 부정확한 경우

목소리는 큰데 발음만 부정확한 경우라면 Type 3만 훈련해도 무방하지만, 목소리도 작은 경우라면 목소리에 힘이 없어서 발음 음가가 다 들리지 않아 발음이 부정확하게 들릴 수 있습니다.

① Type 1 ⇨ ② Type 3 순으로 훈련해보세요.

말이 빨라서 발음이 부정확한 경우

말의 속도는 발음과 밀접한 관련이 있습니다. 말이 빠르면 그만큼 발음의 정확성이 떨어지게 됩니다.

① Type 6 ⇨ ② Type 3 순으로 훈련해보세요.

잠기고 갈라지는 목소리인데, 목소리에 힘도 없는 경우

발성 훈련을 하기 전에 호흡 훈련을 먼저하면 더 탄탄한 목소리로 만들 수 있습니다.

① Type 1 ⇨ ② Type 2 순으로 훈련해보세요.

아이 같은 말투 교정이 필요한 경우

아이 같은 말투는 목소리에 힘이 없거나 톤이 너무 높은 것이 원인이 될 수도 있습니다.

① Type 1 ⇨ ② Type 2 ⇨ ③ Type 7 순으로 훈련해보세요.

전반적인 목소리 교정이 필요한 경우

명확한 목적은 없지만 전반적으로 목소리를 변화시키고 싶다면, 목차에 적혀있는 **Type 1부터** 단계별로 훈련해보세요.

+ 준비 운동하기

악기를 연주할 때도 튜닝이 필요하듯이, 보이스 트레이닝을 시작하기 전에 우선 사용하는 근육들을 유연하게 만드는 것이 매우 중요합니다. 준비 운동으로 긴장을 풀고, 트레이닝 하면 더 좋은 효과를 볼 수 있습니다.

① 어깨 긴장감 풀기

어깨가 경직되면 부드러운 목소리를 내기 어렵습니다. 따라서 어깨의 긴장을 풀고 목소리 훈련을 하는 것이 좋은데요. 이때 귀와 어깨의 거리는 멀수록 좋은 자세입니다.

- 준비 운동

① 어깨를 귀에 붙인다고 생각하며 어깨를 올려 긴장을 주고, 약 5초~10초간 유지합니다.

② 어깨를 아래로 털썩 내려 긴장을 풀고, 힘을 뺀 자세를 느껴봅니다.

② 목 근육 풀기

목 주변 근육의 긴장은 성대의 긴장으로 이어질 수 있습니다. 성대 주변의 근육이 과도하게 경직되지 않도록 목 주변 근육의 긴장을 풀어보겠습니다.

– 준비 운동 1.

① 오른쪽에서 왼쪽 방향으로 8초간 목을 돌려 원을 그립니다.
② 반대 방향으로 8초간 목을 돌려 원을 그립니다.
③ 목 주변 근육의 긴장이 풀리도록 동작을 2번 반복합니다.

① 오른손을 반대편으로 뻗어 왼쪽 옆머리 또는 관자놀이에 놓습니다.

② 손목에 힘을 지그시 주어 오른쪽으로 고개를 살짝 당깁니다.

③ 동작을 약 5초간 유지하여, 왼쪽 목 주변을 스트레칭합니다.

④ 같은 방법으로 반대쪽도 스트레칭합니다.

③ 입 주변 근육 풀기

말을 할 때, 주로 사용되는 입 주변 근육을 풀어보도록 하겠습니다. 특히 입꼬리의 역할이 매우 중요한데요. 입꼬리가 아래로 내려가면 웅얼거리는 소리를 내거나 퉁명스러운 말투로 표현될 수 있습니다. 따라서 입꼬리를 올려 밝게 웃는 표정을 기억하면서 입꼬리가 내려가지 않도록 훈련해보세요.

- 준비 운동

(최대한 웃는 얼굴로 입꼬리를 올리고 읽어보세요.)

기니디리미비시이지치키티피히
기구기 니누니 디두디 리루리 미무미 비부비 시수시
이우이 지주지 치추치 키쿠키 티투티 피푸피 히후히
가게기고구기 나네니노누니 다데디도두디
라레리로루리 마메미모무미 바베비보부비
사세시소수시 아에이오우이 자제지조주지
차체치초추치 카케키코쿠키 타테티토투티
파페피포푸피 하헤히호후히

④ 혀 근육 풀기

혀에 힘이 들어가면 발음 소리가 둔탁하고, 때로는 어눌하게 들릴 수 있습니다. 최대한 혀의 힘을 빼고 소리 내보세요.

‒ 준비 운동

(혀의 힘을 최대한 빼고 읽어보세요.)

라라라라 레레레레 로로로로 루루루루 르르르르 리리리리
랄랄랄랄 렐렐렐렐 롤롤롤롤 룰룰룰룰 를를를를 릴릴릴릴
라랄라랄 레렐레렐 로롤로롤 루룰루룰 르를르를 리릴리릴
랄라랄라 렐레렐레 롤로롤로 룰루룰루 를르를르 릴리릴리

자, 준비 운동이 끝났으니 이제 트레이닝을 시작해볼까요?

책 마지막 페이지까지 지금의 초심을 잃지 마시고, 목소리 type에 맞춰 열심히 훈련해 봅시다.

작고 힘없는 목소리

나의 이야기에 귀 기울이는 사람이 많아진다는 것! 상상만 해도 기분 좋지 않나요? 무언가 더 가치 있는 사람이 된 것 같기도 하고, 내 말이 더 의미 있게 들리는 것 같기도 하고요. 나의 목소리가 상대방에게 잘 들릴 수 있도록 지금보다 조금만 더 힘을 내면 됩니다.

🎙️ [목표] 복식호흡으로 목소리 힘 키우기

크고 힘 있는 목소리는 '높게'가 아니라 '멀리'입니다.

목소리가 작고, 힘없는 분들이 가장 먼저 해야 할 일은 바로 목소리에 힘을 키우는 것인데요. 그렇다고 목에 무리하게 힘을 줘서 소리를 내면 너무 소리를 지르는 것 같아 듣기 거북할 수 있고, 목이 금방 쉬어버릴 수도 있습니다. 따라서 정확한 방법으로 훈련하는 것이 중요합니다.

목소리를 크게 낸다는 것은 무엇일까요? 바로, 소리를 '멀리' 내는 것입니다. 목소리가 작은 분들에게 "목소리 크게 내세요." 하면, 대부분 소리를 위로 높게 올립니다. 산 정상에 올라갔을 때 외치는 '야호'를 생각하면 이해하기 쉬운데요. '크게 소리를 질러야지'라는 생각으로 아주 깊게 숨을 들이마신 후 톤을 힘껏 높여 "야호!"라고 외치죠.

– 소리를 '높이' 뱉을 때 모습입니다.

그림처럼 소리를 위로 높게 올릴수록, 목에 힘을 줘서 소리를 내게 되는데요. 흔히 '목을 쓴다' 그러죠? 목에 무리를 주면 헛기침이 나오기도 하고, 부담이 되어 오래 말하기 어렵습니다. 따라서 목에 무리를 주지 않고 소리를 크게 내기 위해서는 '높게'가 아니라 '멀리' 뱉는 게 중요합니다. '멀리'란 소리를 '위'가 아닌 '앞'으로 뱉는 거죠.

- 소리를 '멀리' 뱉을 때 모습입니다.

위 그림처럼 소리를 '앞으로 멀리' 뱉으려면, 몸에서 지지해 주는 힘이 필요합니다. 이는 수영이나 달리기를 할 때, 선수들의 모습을 보면 이해가 쉽습니다. 수영에서 방향을 반대로 돌리기 위해 턴을 할 때, 발로 벽을 디디면 그만큼 멀리 뻗어나갑니다. 또한, 달리기에서 다리를 세차게 밀어 앞으로 나아가는 모습 역시 많이 보셨을 겁니다. 이처럼 목소리도 멀리 뱉기 위해서는 반대쪽으로 지지해줄 곳이 필요한데요. 그 중심점이 바로 아랫배입니다. 아랫배에 힘을 줘서 소리를 뱉으면, 소리가 멀리 힘 있게 나아갑니다. 이 때 필요한 것이 '복식호흡'입니다. 목소리는 호흡을 기반으로 하기 때문에 호흡이 안정적이어야 말끝까지 힘 있는 음성을 만들 수 있습니다.

예를 들어, 100미터 달리기를 한 것과 같은 가쁜 호흡으로 말을 한다고 생각해보세요. 굉장히 불안하겠죠? 안정감 있게 오랫동안 말을 하려면 안정감 있는 호흡이 필요하며, 안정된 호흡을 만들기 위해서 복식호흡을 훈련하면 좋습니다.

그러면, 우리가 일반적으로 하는 가슴호흡과 복식호흡의 차이점을 살펴볼까요? 평소처럼 숨을 들이마시고 내쉬어 보겠습니다. 어떤가요? 숨을 들이마시면, 가슴이 팽창하면서 어깨가 올라가죠? 그리고 숨을 내쉬면, 팽창됐던 가슴과 어깨가 수축하는 것을 느낄 수 있습니다.

- 크게 숨을 들이마셨다가, 내쉬어 봅니다.

위 그림과 같은 호흡은 우리가 일반적으로 하는 가슴호흡입니다. 숨을 저장하는 깊이가 얕아 숨도 빨리 내뱉게 되는데요. 그러다 보면 말도 상대적으로 빠르게 하게 되고, 뒤로 갈수록 말소리가 불안해집니다. 발표처럼 긴장된 상황일 때는 더더욱 말끝이 떨리고 불안해짐을 느낄 수 있죠. 그렇다고 가슴호흡이 전혀 필요하지 않은 건 아닙니다. 달리기처럼 호흡을 거칠게 순환시켜야 할 때는 가슴호흡이 필요하죠. 하지만 우리는 길게 말을 해야 하기 때문에 안정적인 호흡이 필요합니다.

복식호흡이 왜 필요한지 이해가 되셨다면, 복식호흡 트레이닝을 시작하겠습니다.

[트레이닝]
복식호흡 훈련하기

① 복식호흡 배우기

앞서 가슴호흡을 했을 때, 느낌 기억하시죠? 어깨와 가슴이 팽창하면서 위로 올라가는 느낌이었는데요. 복식호흡은 이와 반대라고 생각하시면 됩니다. 풍선을 생각해볼까요? 부푼 풍선을 누르면 풍선 입구로 공기가 빠져나갑니다. 그리고 풍선 입구로 공기를 넣으면 풍선의 아랫부분부터 부풀게 되죠. 이처럼, 숨을 들이마시면 아랫배가 부풀게 되고, 숨을 내쉬면 팽창된 아랫배가 수축되는데요. 평소 가슴호흡에 익숙해져서 바로 복식호흡을 하기가 쉽지 않습니다. 그래서 좀 더 쉽게 이해하실 수 있도록 들숨 후 날숨 순서가 아닌, 날숨 후 들숨 순으로 훈련해보겠습니다. 숨을 들이마시는 것보다 내쉬는 것이 더 인지하기 쉽기 때문입니다.

㉠ 아랫배 힘주기

복식호흡의 핵심은 아랫배입니다. 그래서 아랫배에 힘주는 것부터 연습해보겠습니다.

갈비뼈 아래부터 배꼽 아랫부분까지를 아랫배라고 생각하고, 배꼽을 중심으로 아랫배를 등 뒤로 납작하게 힘을 주어봅니다. 너무 세게 힘을 주면, 윗배나 가슴뼈 부분까지 힘이 들어가기 때문에 아랫배만 약간의 긴장을 가질 수 있도록 노력합니다. 또한, 아랫배에 힘을 주되 어깨가 올라가지 않도록 합니다. 어깨에 힘을 주면, 어깨와 가슴 쪽에 긴장이 생겨 호흡이 불안해집니다. 이후 주었던 힘을 놓아 아랫배가 다시 원래 모습이 될 수 있도록 합니다. 이때, 힘은 서서히 놓는 것이 아니라 한 번에 놓을 수 있도록 합니다. 이 동작을 3번 반복합니다.

- 아랫배 힘주기

ⓛ 배 힘주면서 숨 뱉기

아랫배에 힘을 주었다 놓는 것이 익숙해졌다면, 이제 두 번째 단계로 넘어가겠습니다.

아랫배에 힘을 주면서 '후~~' 하고 숨을 뱉어보겠습니다. 이때, 배에 힘을 주고 난 후에 숨을 뱉는 것이 아니라, 배에 힘을 주는 동시에 숨을 뱉는 것이 중요합니다. 그래야 배의 힘이 숨으로 이어질 수 있기 때문입니다.

자, 그럼 아랫배에 힘을 주면서 숨을 5초간 '후~~' 뱉어보겠습니다.

ⓒ 배 힘 놓으면서 숨 들이마시기

　숨을 다 뱉으면, 배에 계속 힘을 주고 있기가 힘들 때가 있는데요. 그때 당겼던 배의 힘을 놓으면 자연스럽게 아랫배에 숨이 차오르는 것을 느끼게 됩니다. 좀 더 복식호흡을 느끼고 싶다면, 두 손바닥을 갈비뼈 아랫부분에 놓아보세요. '후~~' 하고 숨을 뱉은 후 배에 힘을 놓으면 배가 부풀어 오르면서, 갈비뼈가 팽창하는 것을 느낄 수 있습니다. 좀 더 깊숙이 숨을 들이마시고 싶다면 배 힘을 놓을 때 코로 숨을 들이마시거나 입으로 '쓰읍'하면서 숨을 들이마시면 더 좋습니다.

45

ㄹ 복식호흡 마스터하기

　지금까지 구분 동작으로 설명을 드렸는데요. ①에서부터 ⑤까지의 순서를 연결해서 복식호흡을 연습해보도록 하겠습니다.

> ① (호흡 없이) 아랫배를 등 쪽으로 힘을 주어 납작하게 만듭니다.
> 　힘을 빼서 아랫배가 다시 원상태로 돌아올 수 있도록 합니다.
> ② 아랫배에 힘을 주면서, 동시에 입을 열어서 '후~~' 하고 숨을 뱉어봅니다.
> 　호흡을 다 뱉을 때까지 약 3초간 '후~~' 유지합니다.
> ③ 숨을 다 뱉었다고 느껴질 때, 당겼던 배 힘을 놓아 호흡이 아랫배까지
> 　자연스럽게 들어갈 수 있도록 합니다.
> ④ 같은 방법으로 하되 7초, 10초 간격으로 점점 호흡을 늘려가 봅니다.
> ⑤ '후~~' 보다 '쓰~~' 호흡으로 숨을 뱉으면, 더 긴 호흡으로 훈련을 할
> 　수 있습니다.

② 복식호흡 활용한 발성 배우기

　자, 지금까지 복식호흡을 배웠습니다. 잘 따라오고 계시죠? 이제는 복식호흡을 활용해서 소리를 내보겠습니다.

㉠ 짧게 호흡 뱉기

　앞서 배운 복식호흡과 똑같은 방법으로 하되, 이번에는 1초 호흡을 해보겠습니다. 수박씨 멀리 뱉기나 촛불을 입으로 불어서 끌 때와 같은 느낌으로 '후!' 하고 숨을 뱉어 봅니다.

ⓛ 짧게 발성하기

　이번에는 호흡이 아닌 "후우!"라는 소리를 내보도록 하겠습니다.

　위와 같은 방식으로 하되, 아랫배에 힘을 주면서 호흡과 소리를 같이 뱉어봅니다. 5번 "후우! 후우! 후우! 후우! 후우!" 해보도록 하겠습니다. 이때 목을 누르면 호흡이 막혀 날카롭고 답답한 소리가 날 수 있습니다. 가급적 "후우! 후우! 후우!"처럼 모음 소리까지 정확히 다 내려고 노력합시다.

– 배 힘 당기면서 짧게 발성하기

ⓒ 복식호흡 활용하여 발성하기

앞서 배운 내용을 바탕으로 좀 더 심화 훈련해보겠습니다. 아래에 있는 글자 하나하나를 아랫배에 힘을 주면서 발성해봅니다.

가	갸	거	겨	고	교	구	규	그	기
나	냐	너	녀	노	뇨	누	뉴	느	니
다	댜	더	뎌	도	됴	두	듀	드	디
라	랴	러	려	로	료	루	류	르	리
마	먀	머	며	모	묘	무	뮤	므	미
바	뱌	버	벼	보	뵤	부	뷰	브	비
사	샤	서	셔	소	쇼	수	슈	스	시
아	야	어	여	오	요	우	유	으	이
자	쟈	저	져	조	죠	주	쥬	즈	지
차	챠	처	쳐	초	쵸	추	츄	츠	치
카	캬	커	켜	코	쿄	쿠	큐	크	키
타	탸	터	텨	토	툐	투	튜	트	티
파	퍄	퍼	펴	포	표	푸	퓨	프	피
하	햐	허	혀	호	효	후	휴	흐	히

③ 복식호흡으로 힘 있게 말하기

지금까지는 짧게 소리를 냈다면, 이제는 긴 문장을 읽어보겠습니다. 원고의 첫 글자에서 아랫배에 힘을 줍니다. 그리고 마지막 글자까지 배 힘을 유지합니다. 주의할 점은 첫 음절에서부터 마지막 음절까지 배 힘을 점점 더 많이 주는 것이 아니라, 처음에 주었던 힘을 마지막까지 유지하려고 노력합니다. 그래야 아랫배에 버티는 힘이 생깁니다.

복식호흡을 활용하여 문장을 읽어봅시다.

(배 힘주기) 커피에 대한 생각을 하는 것만으로도 (놓기)
(배 힘주기) 뇌의 각성효과가 나타난다는 연구 결과가 발표됐습니다. (놓기)

(배 힘주기) 커피 속 카페인이 중추신경계를 자극해 (놓기)
(배 힘주기) 정신을 각성시키고 피로를 줄여준다는 사실, 다들 알고 계실
　　　　　 텐데요. (놓기)

(배 힘주기) 캐나다 토론토대 샘 매글리오 교수팀은 (놓기)
(배 힘주기) 커피의 심리적 작용에 중점을 두고 (놓기)
(배 힘주기) 커피와 각성효과 사이의 연관성을 알아봤습니다. (놓기)
(배 힘주기) 연구진은 커피 단서에 노출된 동·서양 문화권의 다양한 참가
　　　　　 자들을 분석한 결과 (놓기)
(배 힘주기) 실제로 커피를 마시지 않지만 (놓기)
(배 힘주기) 커피와 연관된 신호에 노출됐을 때도 (놓기)
(배 힘주기) 각성효과가 날 수 있다는 사실을 확인했다고 밝혔습니다. (놓기)

(배 힘주기) 피곤할 때, 커피 한 잔 생각해 보시는 건 어떨까요? (놓기)
(배 힘주기) 커피를 마시는 것과 비슷한 플라세보 효과를 이끌어 낼 수 있
　　　　　 다고 합니다. (놓기)

이제는 일상적인 말하기에 활용해볼까요?

빈칸을 채우면서 힘 있는 목소리로 읽어보세요.

• 복식호흡을 활용하여 짧은 문장을 말해봅시다.

안녕하십니까. _____ 입니다.

제 이름의 뜻은 _____ 입니다.

저의 가족은 _____ 입니다.

제가 사는 동네는 _____ 입니다.

저의 직업은 _____ 입니다.

저의 취미는 _____ 입니다.

저의 혈액형은 _____ 입니다.

저의 꿈은 _____ 입니다.

저의 목소리는 _____ 변화될 것입니다.

감사합니다.

- 복식호흡을 활용하여 스피치 해봅시다.

스피치 주제 : 나만의 스트레스 해소법

_____

_____

_____

_____

_____

_____

_____

_____

_____

_____

_____

_____

_____

_____

_____

_____

 배윤희 **보이스 트레이너**의 **미션**

앞으로 1주일 동안 하루에 한 번씩, 1부터 100까지 힘 있는 목소리로 소리 내어 보세요.

잠기고 갈라지는 목소리

같은 악기도 누가 연주하느냐에 따라 소리가 달라지죠? 고급 악기도 초보 연주자를 만나면 그저 쇳덩어리일 수 있고, 망가진 악기도 훌륭한 조율사에 의해 바로 소생하기도 합니다. 애초부터 좋은 목소리, 나쁜 목소리는 없습니다. 목소리라는 아름다운 악기를 쓸 줄 아는 사람과 모르는 사람이 있을 뿐이죠. 훌륭한 연주를 할 수 있는 악기 하나씩 목에 장착했으니. 올바른 사용법만 알면 됩니다.

🎤 [목표] 울림 있는 목소리 만들기

울림 있는 목소리가 사람의 마음도 울립니다.

'목을 쓴다', '목을 누른다', '목에서 소리가 나온다'라는 표현 들어보신 적 있으시죠? 바로 잘못된 발성법을 사용했을 때 흔히 하는 표현인데요. 노래방에서 스트레스를 푼다고 소리를 막 지르다 보면, 곧바로 목이 칼칼해지는 것을 느낄 겁니다. 노래 부를 때뿐만 아니라 잘못된 발성법으로 말을 하다 보면 목이 아프고, 소리가 갈라지거나 목이 잠겨 오래 말을 하기 어려울 때가 있는데요. 이처럼 장시간 목에 무리를 주면 성대 결절과 같은 목소리 질환을 야기해 허스키하거나 탁한 음성이 될 수도 있습니다. 한 번 안 좋아진 음성은 회복하기 매우 어렵기 때문에 목소리 관리는 매우 중요합니다. 특히 말을 많이 하는 직업이라면, 더더욱 발성법에 관심이 많으실 겁니다. 지금부터 잠기고 갈라지는 목소리를 가진 분들을 위해 올바른 발성법 알려드리겠습니다.

발성(發聲)의 사전적 정의는, 호기(呼氣)에 의해 성대를 진동시켜 음성을 만들어내는 현상입니다. 쉽게 말해 말에 소리를 만들어내는 것인데요. 소리가 어디에서 만들어지느냐에 따라 편한 소리, 불편한 소리로 구분할 수 있습니다. 그럼 소리가 어디에서 만들어지는지 확인해볼까요?

소리가 나오는 입안을 살펴보면 아래쪽에는 혀가 있고, 위쪽에는 입천장이 있습니다. 목을 누른다는 것은 바로 혀 쪽에 힘을 준다는 의미인데요. 목구멍에 가까운 혀 뒷부분을 아래쪽으로 힘을 주고 말하면 목구멍과 혀에 힘이 가해지기 때문에 음성이 깨끗하게 입 밖으로 나오지 못하게 됩니다. 평소보다 크게 소리를 내거나 고함을 칠 때를 상상해보면, 혀뿌리 쪽에 힘을 잔뜩 주게 되는 것을 느낄 수 있습니다. 이것이 바로, 잘못된 발성법입니다.

반대로, 목을 누르지 않는 발성법은 혀에 힘을 주지 않고, 음성을 입천장 쪽으로 뱉는 것입니다. 하품할 때 '하~~아' 하고 소리 내본 적 있으시죠? 이때 혀에 힘을 주지 않았는데도 소리가 입 밖으로 자연스럽게 멀리 나가는 것을 느낄 수 있습니다. 이처럼 앞 입천장 쪽으로 포물선을 그리듯이 부드럽게 소리를 뱉는 것이 바로 올바른 발성법입니다.

- 목을 누르는 발성법

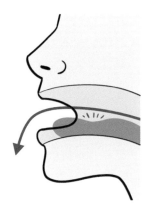

- 목을 누르지 않는 발성법

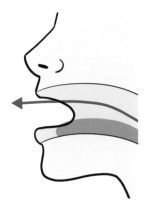

아마 하품하면서 '진짜 그런가?' 하고 확인해보신 분들이 분명 계실 거예요. 다른 건 몰라도 목구멍에 가까운 혀 뒤쪽에 힘을 주지 않는 건 분명하게 확인하셨을 겁니다.

또 하나, 소리의 '방향'뿐만 아니라 '위치'도 살펴볼 필요가 있는데요. 목을 누르는 발성법은 소리가 혀 뒤쪽에 위치하고 있지만, 목을 누르지 않는 발성법은 소리가 앞 입천장에 있습니다. 즉, 목을 누르면 소리가 뒤쪽에 있어서 답답하게 들리고, 반대로 목을 누르지 않으면 소리가 앞쪽에 위치하기 때문에 좀 더 명료하고 깔끔하게 들리게 됩니다. 결국 올바른 발성법은 혀에 힘을 주지 않고, 소리를 입 앞쪽에 위치시켜야 하는데요. 이에 탁월한 훈련법이 바로, 공명발성법입니다.

공명(共鳴)이란, 성대에서 나온 소리가 입 밖으로 나오기 전에 입안과 코 등에서 울리는 현상인데요. 쉽게 '허밍'을 통해 확인할 수 있습니다. 학창 시절 음악 시간에 허밍으로 노래했던 거 기억하시죠? 한번 입술을 다물고, '음~~' 하면서 울림을 느껴볼까요? 아마 어딘가가 간질간질하며 미세한 떨림이 느껴지실 텐데요. 어떤 분은 입 주변이, 또 어떤 분은 코 주변, 머리까지 울리는 분도 있습니다. 이 울림을 활용해서 목을 누르지 않는 편안한 발성법을 배워보도록 하겠습니다.

🎤 [트레이닝]
공명발성법 훈련하기

① 공명 느끼기

① 입술을 자연스럽게 닫은 후 '음~~' 하고 허밍 합니다.

② 이때, 혀 뒤쪽이나 목에 힘을 주지 않도록 주의합니다. 힘을 주면 답답한 소리가 나고, 울림이 잘 느껴지지 않습니다.

③ '음~~, 음~~, 음~~' 3번 하면서 점점 울림을 크게 합니다.

④ 입안에서는 앞 입천장, 얼굴에서는 인중 부분에 울림을 느껴봅니다.

⑤ 울림을 느끼면서 다시 한 번 '음~~' 하고 허밍 해봅니다.

허밍을 하다 보면, 사람마다 울림의 위치가 다른데요. 그것은 바로 사람마다 목소리 톤이 다르기 때문입니다. 목소리 톤이 높은 사람은 코나 머리까지 울릴 수 있고, 톤이 낮은 사람은 가슴처럼 아래쪽이 울릴 수 있습니다. 이러한 목소리 톤은 습관으로 만들어진 경우가 많아, 내 목소리 톤이 무엇인지 잘 모를 때가 있는데요. 나에게 맞는 목소리 톤은 '말할 때 편안한 음성'입니다. 지금부터 울림을 통해 여러분에게 맞는 가장 편안한 음을 찾아보겠습니다.

① 흔히 새가슴이라 부르는 복장뼈(흉골)에 손바닥을 올려놓습니다. 이 부분을 음계 중 가장 낮은 '도'라고 생각하겠습니다.

② 앞서 훈련에서 울림을 느꼈던 인중 또는 앞 입천장을 '미'라고 생각해봅니다.

③ 손바닥을 올린 곳에서 미간까지 차례대로 '음~~' 허밍을 하며 '도~레~미~파~솔' 음을 내면서 울림을 느껴봅니다. (도) 음~~, (레) 음~~, (미) 음~~, (파) 음~~, (솔) 음~~

④ 음계에 맞춰 허밍을 하면서 가장 편안한 음을 찾아봅니다.

③ 공명발성법으로 편안하게 말하기

공명도 느껴보고 나에게 맞는 편안한 음도 찾았다면, 이제부터 본격적으로 공명발성법을 활용하여 말소리를 내보겠습니다.

'음~'을 할 때는 입술이 닫혀있기 때문에 울림이 크게 느껴지지만, 말소리를 낼 때는 점점 입이 열리면서 울림이 적게 느껴질 수 있습니다. 하지만, 앞서 훈련한 대로 편안한 음의 울림을 느끼면서 아래 단어를 소리 내보겠습니다.

음 ~ ~
음 ~ ~ 미 ~ ~
음 ~ ~ 메 ~ ~
음 ~ ~ 모 ~ ~
음 ~ ~ 무 ~ ~
음 ~ ~ 마 ~ ~
음 ~ ~ 미 ~ ~ 메 ~ ~ 모 ~ ~ 무 ~ ~ 마
음 ~ ~ 니 ~ ~ 네 ~ ~ 노 ~ ~ 누 ~ ~ 나
음 ~ ~ 이 ~ ~ 에 ~ ~ 오 ~ ~ 우 ~ ~ 아
음 ~ ~ 리 ~ ~ 레 ~ ~ 로 ~ ~ 루 ~ ~ 라

공명을 느끼면서 원고를 읽어봅시다.

예쁘지 않은 것을 예쁘게
보아주는 것이 사랑이다

좋지 않은 것을 좋게
생각해주는 것이 사랑이다

싫은 것도 잘 참아주면서
처음만 그런 것이 아니라

나중까지 아주 나중까지
그렇게 하는 것이 사랑이다.

- [출처] 나태주 〈사랑에 답함〉 -

바람이 분다 서러운 마음에 텅 빈 풍경이 불어온다
머리를 자르고 돌아오는 길에 내내 글썽이던 눈물을 쏟는다
하늘이 젖는다 어두운 거리에 찬 빗방울이 떨어진다
무리를 지으며 따라오는 비는 내게서 먼 것 같아 이미 그친 것 같아

세상은 어제와 같고 시간은 흐르고 있고
나만 혼자 이렇게 달라져 있다
바람에 흩어져 버린 허무한 내 소원들은 애타게 사라져 간다

- [출처] 이소라 〈바람이 분다〉 -

달걀은 요리해서 먹기도 간편하고 몸에도 좋아서 식탁에 자주 올라오는
데요. 그런데 콜레스테롤이 많아서 하루에 몇 개까지 먹어도 괜찮은 것인
지 궁금한 분들 있으시죠?
고지혈증이나 심혈관 질환이 없는 건강한 사람은
달걀을 하루에 여러 개 먹어도 괜찮다고 합니다.

미국 식생활지침 자문위원회에 따르면,
혈중 콜레스테롤 수치에 음식이 미치는 영향은 20%에 불과하고
80%는 개인 체질에 따라 결정되기 때문에
달걀이나 새우처럼 콜레스테롤이 풍부한 음식을 먹는다고 해서 크게 걱
정할 필요는 없다고 발표했습니다.

단, 고지혈증이나 심혈관 질환이 있다면 콜레스테롤 음식 섭취는 주의해
야 한다고 하니 참고하시기 바랍니다.

- [출처] sbs 뉴스 중 -

공명발성법을 훈련했다면, 이제는 일상적인 말하기에 활용해볼까요?

빈칸을 채우면서 울림 있는 목소리로 말해봅시다.

• 공명발성법을 활용하여 짧은 문장을 말해봅시다.

- 제가 가장 좋아하는 음식은 _____ 입니다.

  왜냐하면 _____ 때문입니다.

- 저의 내년 목표는 _____ 입니다.

  그래서 _____ 할 계획입니다.

- 가장 재미있게 본 영화는 _____ 입니다.

  특히 _____ 분들에게 추천합니다.

- 가장 싫어하는 사람의 유형은 _____ 입니다.

  왜냐하면 _____ 때문입니다.

- 지금 저의 기분을 한마디로 표현한다면 _____ 입니다.

  그 이유는 _____ 때문입니다.

- 가장 듣고 싶은 말은 _____ 입니다.

  이를 위해 _____ 노력 중입니다.

- 지금 가장 먼저 해야 할 일은 _____ 입니다.

  그래서 지금 기분은 _____ 습니다.

• 공명발성법을 활용하여 스피치 해봅시다.

스피치 주제 : 가장 가고 싶은 여행지

_____
_____
_____
_____
_____
_____
_____
_____
_____
_____
_____
_____
_____
_____
_____
_____

배윤희 **보이스 트레이너**의 **미션**

앞으로 1주일 동안 하루에 한 번씩, 가장 좋아하는 시를 울림을 느끼면서 읊어보세요.

웅얼거리는
목소리

'입만 살아가지고', 행동은 하지 않으면서 말로만 다 하는 사람들에게 주로 하는 말이죠. 보통 부정적으로 쓰이는 말이지만, 보이스 트레이닝에서는 정말 살아있는 입이 필요합니다. 부지런히 움직이고, 바쁘게 소리 내는 입! 그래야 전달력이 좋아지거든요. 누가 더 입만 살았는지 확인해봅시다!

🎤 [목표] 명료한 목소리 만들기

입을 부지런히 움직일수록 발음은 좋아집니다.

여러분, 복화술 들어보신 적 있으시죠? 복화술은 입을 움직이지 않고 이야기하는 기술을 말하는데요. 자신의 말을 남이 듣지 못하도록 할 때나 목소리 출처를 은폐할 때 사용합니다. 하지만 이러한 목적이 아님에도 불구하고 마치 복화술을 하듯이 말을 하는 사람들이 있는데요. 이처럼 입을 크게 벌리지 않고 이야기하면 목소리가 작아짐은 물론 발음이 뭉개져 웅얼거리기 때문에 전달력이 부족해질 수 있습니다.

우리의 목소리는 앞서 배운 것처럼 호흡과 발성을 통해 크기나 음색, 톤을 갖게 됩니다. 여기에 덧붙여 '입모양'도 매우 중요한데요. 소리는 최종적으로 입을 거쳐 입 밖으로 전달되기 때문입니다. '아'라는 소리를 내야 하는데 입모양은 '으'를 하고 있다면, '아'도 아니고 '으'도 아닌 애매한 소리가 됩니다. 우리는 흔히 이렇게 말하는 사람에게 '발음이 좋지 않다', '웅얼거린다'라고 표현을 합니다.

또렷하고 정확한 소리를 내기 위해서는 입을 크게 벌리는 것이 중요합니다. 하지만 우리는 왜 입을 크게 벌리지 않을까요? 바로, 귀찮아서입니다. 입을 크게 벌리거나 입을 움직이려면 입 주변 근육을 사용해야 하는데요. 뛰는 것보다 걷는 것이 편하고, 움직이는 것보다 한 자세를 유지하는 게 편한 것처럼 '귀차니즘'이 발동하면 입 주변 근육도 자주 움직이고 싶지 않게 되겠죠. 이런 귀차니즘이 반복되어 오랜 시간 근육을 사용하지 않으면, 입주변 근육은 점점 경직되고 발음은 계속 안 좋아집니다. 이를 개선하기 위한 훈련을 시작해보겠습니다.

자, 아래 글자를 읽어볼까요? 가능한 빠르게 읽어보세요.

> 기 니 디 리 미 비 시 이 지 치 키 티 피 히
> 그 느 드 르 므 브 스 으 즈 츠 크 트 프 흐

아마도 어렵지 않게 빠르게 읽을 수 있을 겁니다. 왜냐하면 'ㅣ' 또는 'ㅡ' 모음으로 입 모양이 거의 동일하기 때문에 입을 많이 움직이지 않아도 소리가 나기 때문이죠.

이번에는 아래 글자를 빠르게 읽어보겠습니다.

> 기구기 니누니 디두디 리루리 미무미 비부비 시수시
> 이우이 지주지 치추치 키쿠키 티투티 피푸피 히후히

어떠세요? 'ㅣ' 모음과 'ㅣ' 모음 사이에 'ㅜ' 모음이 들어가면서 입술의 움직임이 커졌습니다. 'ㅣ' 모음은 입술을 옆으로 움직이고, 'ㅜ' 모음은 입술을 앞으로 움직여야 하는데 'ㅣ, ㅜ, ㅣ'를 정확하게 소리 내기 위해서는 입술을 '옆으로, 앞으로, 옆으로' 계속 움직여야 합니다.

이러한 움직임을 열심히 하지 않으면 발음이 좋지 않고, 움직임을 열심히 하면 발음이 좋게 들립니다. 하지만 이러한 움직임이 귀찮아지는 순간 하나의 모음으로 정착하려고 할 수도 있습니다. 처음에는 정확하게 소리를 내다가 어느 순간 소리는 'ㅣ'라고 하는데, 입모양은 'ㅜ'에 가깝게 될 수 있습니다. 이렇게 되면 발음이 뭉개지겠죠.

주변에 발음이 좋은 사람, 또는 발음이 좋지 않은 사람이 있다면 말할 때 입모양을 관찰해보세요. 분명 입을 부지런하게 움직이는 사람과 게으른 사람의 차이를 느끼실 수 있을 것입니다.

센스 있는 분이라면, 아마 눈치채셨을 겁니다. 결국 입을 크게 벌려 명료한 목소리를 낸다는 것은 바로 '모음 소리'를 정확하게 발음하는 것입니다. 발음을 떠올렸을 때, 대부분의 사람들은 "저는 ㄹ 발음이 안돼요.", "저는 ㅇ 받침이 잘 안돼요."라며 자음에 집중합니다. 하지만 소리는 입모양 즉, 모음에서 많이 만들어집니다. 따라서 명료한 목소리로 변화하고 싶다면, 모음 소리에 집중해보세요. 입을 크게 벌려 글자의 모양을 정확하게 소리 내는 것이 명료한 목소리를 만드는 핵심입니다.

🎙️ [트레이닝]
모음발음법 훈련하기

발음이 좋지 않은 분이라면, 모음발음법만 잘 익혀도 많은 부분이 개선됩니다. 입을 부지런히 움직일 준비가 되셨다면, 트레이닝을 시작해볼까요?

① 입술의 기준점 정하기

입을 크게 움직이기 위해서는 입술의 기준점을 정하는 것이 중요합니다. 기준점을 잘못 이해한 채로 훈련하면, 발음하는 입모양이나 표정이 어색해질 수 있습니다. 본격적으로 훈련을 시작하기 전에 어떤 근육을 사용해야 하는지부터 정확하게 이해하는 시간을 갖겠습니다.

모든 발음의 기준점인 '이'를 통해 움직여야 하는 근육의 위치부터 확인해보겠습니다. 거울을 보면서 '이' 발음을 해볼까요? 그리고 아래 사진처럼 자신의 얼굴을 3등분 했을 때, 어떤 곳의 근육이 사용되는지 살펴보세요.

대다수 분들은 ②번이나 ③번 위치를 많이 움직이실 겁니다. ②번 근육을 사용하면 입꼬리가 올라가서 광대뼈가 도드라지는 모습을 볼 수 있습니다. 우리가 웃을 때 많이 사용하는 근육으로 아랫니보다는 윗니가 많이 보이는 모습입니다. 반면, 광대뼈 부분의 움직임 없이 ③번 위치의 근육만 사용한 분이라면, 윗입술이나 아랫입술이 아래로 향하는 모습을 확인할 수 있습니다. 그래서 윗니보다는 아랫니가 많이 보이는데요. 이런 얼굴은 상대방으로 하여금 우울하거나 화가 난 모습처럼 보일 수 있습니다.

그렇다면 '이'를 정확하게 발음하기 위해서는 어느 위치의 근육을 사용해야 할까요? 정답은 ②번입니다. 입꼬리를 올려서 광대뼈가 올라가면, 목소리가 나오는 입 공간이 커지고, 입술의 움직임도 커집니다. 그래서 정확한 발음을 하는 데 도움이 됩니다. 잘 이해가 안 되신다면 ②번처럼 입꼬리와 광대뼈를 올리고 "안녕하세요."라고 한 다음, 올렸던 입꼬리와 광대뼈의 근육을 아래로 내려서 "안녕하세요."라고 말해보세요. 근육이 아래로 내려갈수록 웅얼거리는 소리가 커짐을 느낄 수 있을 겁니다.

참고로 ①번은 눈썹과 이마 부분인데요. '이'라는 발음을 하면서 ①번 위치의 근육을 많이 사용하는 분은 거의 없을 겁니다. 발음과는 관련이 없지만 이미지 측면에서 설명해 드린다면 눈썹이나 이마는 감정을 표현할 때 많이 사용되는 곳입니다. 보통 놀랄 때 이마에 주름이 생길 정도로 눈썹을 올리고, 슬플 때는 눈썹이 아래로 향하죠. 또, 화를 내거나 짜증이 날 때는 미간을 찌푸리게 됩니다. 만약 이런 특수한 상황이 아닌 평상시 말을 할 때 ①번 위치의 근육을 많이 사용한다면, 상대방으로 하여금 위화감이나 부담감을 줄 수 있기 때문에 자제하는 것이 좋습니다.

다시 돌아와서 발음의 기준점 '이' 발음의 정확한 입모양을 알았으니, 이제 원고를 읽으면서 유연한 근육을 만들어보시기 바랍니다. 덧붙여 설명드리면, 발음하는 근육과 웃는 근육은 비슷합니다. 그래서 잘 웃지 않는 분들이 발음도 좋지 않은 경우가 있는데요.

이 훈련을 꾸준히 하면, 발음뿐만 아니라 예쁘게 웃는 표정을 만드는 것에도 도움이 되니
일석이조의 효과를 꼭 확인해보세요.

 입꼬리를 올려 밝게 웃는 표정으로 읽어봅시다.

- 기 니 디 리 미 비 시 이 지 치 키 티 피 히
  갸 냐 댜 랴 먀 뱌 샤 야 쟈 챠 캬 탸 퍄 햐
  계 녜 뎨 례 몌 볘 셰 예 졔 쳬 켸 톄 폐 혜
- 김치, 치즈, 스마일, 개나리, 미나리, 동아리, 오소리, 꾀꼬리
- 내가 그린 기린 그림은 잘 그린 기린 그림이고
  네가 그린 기린 그림은 못 그린 기린 그림이다.
  구름이 그린 구름 그림은 참 예쁜 구름 그림이고
  바람이 그린 구름 그림은 참 멋진 구름 그림이다.

'이' 발음 훈련으로 입 주변 근육이 풀리셨나요? '이'는 모든 발음을 하기 전 기본자세라고 생각하시고요. 이제 본격적으로 모음발음법에 대해 훈련해보겠습니다. 여러분이 쉽게 훈련할 수 있도록 크게 3가지 방법으로 나눠서 설명드리겠습니다.

㉠ '옆으로' 움직이기 (ㅣ, ㅡ)

' ㅣ '   ' ㅡ '

모음 중에 입술을 옆으로 움직여야 하는 발음이 있는데요. 바로 ' ㅣ ' 발음과 'ㅡ' 발음입니다. 앞서 훈련한 것처럼 입꼬리를 올리고 밝게 웃는 표정으로 훈련에 임해보시길 바랍니다. 치아는 살짝 닫힌 상태가 되어야 하며, 혀끝의 힘은 빼서 편안하게 두시기 바랍니다.

단, ' ㅣ ' 발음과 'ㅡ' 발음의 차이점은 ' ㅣ ' 발음의 입이 옆으로 더 많이 움직인다는 점이니 참고하세요.

> 기그 니느 디드 리르 미므 비브 시스 이으 지즈 치츠 키크 티트 피프 히흐
> 기그기 니느니 디드디 리르리 미므미 비브비 시스시
> 이으이 지즈지 치츠치 키크키 티트티 피프피 히흐히
> 그기그기 느니느니 드디드디 르리르리 므미므미 브비브비 스시스시
> 으이으이 즈지즈지 츠치츠치 크키크키 트티트티 프피프피 흐히흐히

운동경기에서 고의[이]로 반칙을 하면 주심이 경고의 표시로 옐로카드를 주는데요. 그렇다면 옐로카드를 세 번 받았을 때 받게 되는 것이 무엇일까요?

현재 여러분들은 백팔십일쩜오 메가헤르츠 제이티비씨 꿀 에프엠을 듣고 계십니다. 이 프로는 언제 시작해서 언제 끝날지 모르는 김영철 씨의 토크 같은 프로입니다.

오늘 날씨는 북동지방에서 동진하는 고기압의 영향으로 동쪽에서 습한 공기가 유입되면서 산발적으로 빗방울이 떨어질 것으로 예상됩니다.

- [출처] JTBC 〈아는 형님〉 중 -

ⓒ '아래로' 움직이기 (ㅔ, ㅐ, ㅏ)

'ㅔ'   'ㅐ'

'ㅏ'

앞서 'ㅣ', 'ㅡ' 발음이 치아를 살짝 닫은 상태라면 'ㅔ, ㅐ, ㅏ' 발음은 윗니와 아랫니 사이를 열어 아래턱이 내려가는 발음입니다. 그 차이는 새끼손가락으로 측정하면 쉽게 이해할 수 있는데요. 새끼손가락 두께의 반 정도가 'ㅔ' 발음, 새끼손가락 하나 들어갈 정도가 'ㅐ' 발음, 하나 반 정도가 'ㅏ' 발음입니다.

단, 윗입술은 ' ㅣ ' 발음처럼 유지하면서 치아를 열어 아래턱을 내리면서 발음해보세요.

기 게 개 가 니 네 내 나 디 데 대 다 리 레 래 라 미 메 매 마
비 베 배 바 시 세 새 사 이 에 애 아 지 제 재 자 치 체 채 차
키 케 캐 카 티 테 태 타 피 페 패 파 히 헤 해 하
난 넨 닌 낸 랄 렐 릴 랠 맘 멤 밈 맴 밥 벱 빕 뱁 상 셍 싱 생
잉 엥 잉 앵 직 젝 직 잭 찬 첸 친 챈 팜 펨 핌 팸 합 헵 힙 햅

- 생각이란 생각하면 생각할수록 생각나는 것이 생각이므로 생각하지 않는 것이 좋은 생각이라 생각한다.
- 장이 없어서 장에 갈까 했더니 장이 아파서 장에도 못 가고 장맛도 못 보았다.
- 세계적인 법학박사인 박 법학박사와(오아) 백 법학박사가 사돈을 맺어 화(호아)제입니다. 박 법학박사는 백 법학박사의 법학 선배이고 백 법학박사는 박 법학박사의 법학 후배인데 박 법학박사의 아들 박학학사와(오아) 백 법학박사의 딸 백 법학학사가 다음 달 법학 빌딩에서 결혼식을 올린다고 합니다. 이 결혼식에는 법학대학 동문인 변 법학박사, 봉 법학박사, 배 법학박사 등 수많은 법학박사들이 참석할 것으로 보입니다.

ⓒ '앞으로' 움직이기 (ㅜ, ㅗ, ㅓ)

'ㅜ'

'ㅗ'

'ㅓ'

앞서 훈련한 모음 발음들은 입술이 옆으로 펴진 상태지만, 'ㅜ, ㅗ, ㅓ' 발음은 입술이 앞으로 둥글게 모아진 상태입니다. 따라서 이 발음들은 'ㅣ' 발음을 기준으로 하지 않습니다.

'ㅜ, ㅗ, ㅓ' 발음의 차이는 윗니 아랫니가 살짝 닫힌 상태가 'ㅜ' 발음, 'ㅜ' 발음에서 윗니 아랫니가 살짝 열린 상태로 입술을 앞으로 더 모은 것이 'ㅗ' 발음, 'ㅗ' 발음에서 아래턱을 더 내린 것이 'ㅓ' 발음입니다. 'ㅗ' 발음은 윗니 아랫니 사이가 새끼손가락 두께의 반 정도, 'ㅓ' 발음은 새끼손가락 하나 정도로 입이 열립니다.

구고거 누노너 두도더 루로러 무모머 부보버 수소서
우오어 주조저 추초처 쿠코커 투토터 푸포퍼 후호허

75

- 우리 아이는 뽀롱뽀롱 뽀로로 프로그램을 좋아합니다.

- 봄 밤 꿈, 봄 저녁(니억) 꿈, 여(이어)름 낮 꿈, 여(이어)름 밤 꿈

- 한 시골 마을에서 마을 주민들이 이번에 수확(호악)한 들의 콩깍지는 깐 콩깍지인가 안 깐 콩깍지인가 깐 콩깍지와(오아) 안 깐 콩깍지를 한 곳에 보관(고안)할까 깐 콩깍지와(오아) 안 깐 콩깍지를 따로 보관(고안)할까를 놓고 크게 대립하고 있다고 하는데요(이오). 일부 마을 주민들은 깐 콩깍지면(미언) 어떻고, 안 깐 콩깍지면(미언) 어떠냐? 깐 콩깍지나 안 깐 콩깍지나 콩깍지는 다 콩깍지인데, 라는 반응을 보이고 있다고 합니다.

앞에서 모음의 정확한 발음법을 배웠다면, 이를 활용해서 이중모음 발음을 해보겠습니다. 이중모음은 두 개의 모음이 합쳐진 모음인데요. 그만큼 입술을 두 번 움직여야겠죠. 만약 '귀차니즘'이 생기면, 두 개의 모음 중 하나를 발음하지 않게 될 수도 있습니다.

예를 들어, 우리가 일상에서 가장 많이 발음하는 이중모음 중 하나가 'ㅘ'인데요. '~와, ~과'처럼 많이 사용하죠. 'ㅘ' 발음은 보이는 대로 'ㅗ' 발음과 'ㅏ' 발음이 합쳐진 이중모음입니다. 이중 'ㅗ' 발음을 하지 않으면, '과자'를 '가자'로 발음하거나 '관광'을 '간강'으로 발음할 수도 있습니다.

이처럼 모음을 놓치지 않고, 정확하게 소리 내어 이중모음을 발음해봅시다.

> ㅑ, ㅕ, ㅒ, ㅖ, ㅛ, ㅠ, ㅘ, ㅙ, ㅚ, ㅝ, ㅞ, ㅟ, ㅢ
>
> ㅑ(ㅣ+ㅏ)　ㅕ(ㅣ+ㅓ)　ㅒ(ㅣ+ㅐ)　ㅖ(ㅣ+ㅔ)　ㅛ(ㅣ+ㅗ)
> ㅠ(ㅣ+ㅜ)　ㅘ(ㅗ+ㅏ)　ㅙ(ㅗ+ㅐ)　ㅚ(ㅗ+ㅣ)　ㅝ(ㅜ+ㅓ)
> ㅞ(ㅜ+ㅔ)　ㅟ(ㅜ+ㅣ)　ㅢ(ㅡ+ㅣ)

된(도엔)장찌개, 과(고아)산화(호아)수소, 위(우이)원(우언)회(호에),
원(우언)인불명(미엉), 한국관(고안)광(고앙)공사
퇴(토에)행성관(고안)절염(이엄), 강습회(호에)
기획(호엑)재정부장관(고안), 투자활(호알)성화(호아)
종합계(기에)획(호엑)수립, 취(추이)약(이약)계(기에)층지원(우언)금

중국 쓰촨성은 온천수와 사천식 매운 요리가 굉장히 유명한데요.
두 가지 명물을 결합한 관광 상품이 눈길을 끌고 있습니다.
이름하여 '훠궈 온천탕'인데요.
'훠궈 온천탕'이라는 이름답게 뜨끈한 노천탕에 매운 고추와 버섯, 옥수수
가 들어간다고 합니다.
가족이나 연인과 함께 찾은 관광객들의 말에 의하면,
훠궈 온천탕에서 피로가 싹 풀리는 느낌은 그야말로 환상이라고 하는데요.
중국식 샤부샤부, 훠궈를 연상케 하는 이 온천탕은
항저우시의 한 호텔이 중국의(에) 설 명절을 기념해 기획한 것으로,
온천욕을 하면서 각종 육류와 채소를 끼운 꼬치구이를 즐길 수 있다고 합니다.
외신도 지역 명물을 결합해 관광객들의(에) 마음을 사로잡았다고 소개했습니다.

- [출처] kbs 뉴스 중 -

이중모음에서 한 가지 더 설명드리면, '의' 발음은 세 가지로 발음이 되는데요. 음절의 첫 글자일 때는 '의'(으+이), 음절의 마지막 글자일 때는 '이', 단어에 조사로 붙을 때는 '에'로 발음합니다. 이점에 유의해서 발음해보세요.

 '의' 정확하게 발음하기

① 첫 음절 '의' → '의'(으+이)로 발음
    의사[으이사] 의자[으이자] 의리[으이리] 의미[으이미] 의식[으이식]
    의식주[으이식주] 의학[으이학] 의구심[으이구심] 의지[으이지]
    의기투합[으이기투합] 의논[으이논] 의도[으이도]

② 마지막 음절 '의' → '이'로 발음
    회의[회이] 주의[주이] 고의[고이] 정의[정이] 호의[호이]
    민주주의[민주주이]

③ 조사 '의' → '에'로 발음
    우리의[우리에] 나의[나에] 도움의 손길[도움에 손길]
    일상의 모습[일상에 모습] 민주주의의 의의 [민주주이에 의이]

④ 받침 있을 때의 모음발음법

여러분들 중에 발음을 할 때 혀 짧은 소리가 나는 분들이 계실 텐데요. 'ㅅ' 발음이 'th' 발음으로 나거나 'ㄹ' 발음을 'ㄷ'으로 발음하는 경우처럼 특정 자음이 새거나 짧게 발음된다면, 다음 Type 4를 참고하시고요. 이 경우가 아니라면 대부분의 혀 짧은 소리는 모음발음을 짧게 하여 나타나는 경우입니다. 특히 받침이 있는 글자의 모음 소리를 짧게 발음할 경우 더더욱 혀 짧은 소리로 표현됩니다. 따라서 아래 내용을 참고해서 모음을 길게 표현해보시기 바랍니다.

안(아-아-안) 녕(녀-어-엉) 각(가-아-악) 낸(내-애-앤) 딜(디-이-일)
롬(로-오-옴) 뭉(무-우-웅) 법(버-어-업) 삭(사-아-악) 감(가-아-암)
함(하-아-암) 술(수-우-울) 질(지-이-일) 촘(초-오-옴) 쿵(쿠-우-웅)
텁(터-어-업) 팍(파-아-악) 쑹(쑤-우-웅) 썬(써-어-언) 쭉(쭈-우-욱)
헉(허-어-억) 훅(후-우-욱) 땅(따-아-앙) 떱(떠-어-업) 랩(래-애-앱)
탑(타-아-압) 를(르-으-을) 릴(리-이-일) 물(무-우-울) 불(부-우-울)

지금까지 배운 모음발음법을 활용하여 또박또박 정확하게 읽어봅시다.

• 인싸들이 사용하는 신조어에 대해 얼마나 알고 계시나요?
세대를 대표하는 신조어는 항상 존재했는데요.
여러분 세대는 어떤 신조어를 사용했나요?
오늘은 2019년 시대를 대표한 신조어에 대해 몇 가지 알아보겠습니다.
우선 '뇌피셜'입니다. 개인적인 의견을 마치 누군가 공식적으로 발표한 것처럼 이야기하는 것을 말하는데요. 유튜브 등의 SNS가 발달하면서 만들어진 신조어입니다.

'얼리힐링'은 현재의 만족을 중시하는 밀레니얼 세대의 특성을 반영한 것인데요. 정신적인 휴식이나 소소한 자기만족을 챙기고자 한다는 뜻이라고 하네요.

'혼바비언'은 혼자 밥 먹는 사람을 의미하는 말로 일인 가구 증가를 반영한 것이겠죠.

'복세편살'은 무슨 뜻일까요? '복잡한 세상 편하게 살자'의 줄임말이라고 합니다.

• 2020년 유행하는 트렌드 컬러는 무엇일까요?

첫째, 네오민트입니다.

네오민트는 미래의 기술과 순수한 자연의 조화로움을 나타낸 색입니다. 흙이나 나무, 풀, 숲 같은 자연을 통해 영감을 받은 '얼씨(Earthy)' 컬러가 유행하며 '녹색(Green)'은 트렌드 컬러로 자리 잡았다고 하는데요. 이미 패션 런웨이나 인테리어 디자인에 민트 풍의 컬러가 점령 중이라고 합니다.

둘째, 카시스입니다.

진한 자주색의 카시스는 블랙커런트를 이용해 빚은 와인빛 술을 의미하는데요. 신비로움의 대명사인 보라색에 분홍색이 섞여 깊은 자줏빛을 내는 카시스는 성별에 구애받지 않는 매력적인 색상이라고 합니다.

마지막으로, 2020년 유행 컬러는 바로 캔터루프인데요.

속이 노란 멜론을 뜻하는 캔터루프는 코랄 컬러에 흰빛이 많이 섞여 파스텔 톤을 띠는 게 특징입니다. 밝고 따뜻한 느낌을 주는 만큼 새내기 학생들이 생각나는 컬러인 것 같습니다.

자, 그럼 일상적인 말하기에 활용해볼까요?

빈칸을 채우면서 모음을 정확하게 발음하여 명료한 목소리로 말해보세요.

• 모음발음법을 활용하여 짧은 문장을 말해봅시다.

- 저의 혈액형은 _____ 입니다.

  그래서 제 성격의 장점은 _____ 이고,

  단점은 _____ 입니다.

- 제가 자주 가는 곳은 _____ 입니다.

  왜냐하면 _____ 때문입니다.

  혹시 _____ 분이 계시다면 꼭 추천합니다.

- 최근에 가장 즐거웠던 기억은 _____ 입니다.

  그 이유는 _____ 때문인데요.

  반면, 가장 슬펐던 기억은 _____ 입니다.

- 오늘 읽었던 신문기사는 _____ 입니다.

  그 내용은 _____ 이었는데요.

  이에 대해 저는 _____ 생각합니다.

- 저의 현재 직업은 _____ 입니다.

  제2의 직업을 가질 수 있다면, 저는 _____ 싶습니다.

  그 이유는 _____ 때문입니다.

· 모음발음법을 활용하여 스피치 해봅시다.

스피치 주제 : 최근에 일어났던 소소한 사건

_____

_____

_____

_____

_____

_____

_____

_____

_____

_____

_____

_____

_____

_____

_____

_____

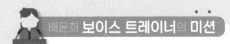 배윤희 **보이스 트레이너**의 **미션**

앞으로 1주일 동안 하루에 한 번씩, 하루 일과를 또박또박 정확한 발음으로 말해봅시다.

혀 짧은 소리, 새는 발음

발음은 훈련의 효과가 명확하게 드러 납니다. 익숙한 움직임만 반복하면 편 안하지만 발전이 없고, 새로운 방식으 로 움직이면 귀찮지만 개선이 됩니다. 노력하면 지금보다 좋은 발음을 가질 수 있습니다.

[목표] 혀 짧은 소리, 새는 발음 원인 알기

혀 짧은 소리, 새는 발음은 혀 길이와 전혀 상관이 없습니다.

　발음이 좋지 않은 분들이 가장 많이 하는 말이 "제가 혀가 짧아서요."입니다. 혀가 짧아서 발음이 제대로 안 된다고 생각하시는데, 아마도 '혀 짧은 소리'라는 말 때문에 더 그렇게 생각하시는 것 같아요.

　하지만, 발음과 혀의 길이는 전혀 상관이 없습니다. 'ㄹ' 발음을 제외하고 말이죠. 'ㄹ' 발음은 혀끝이 입천장에 닿아야 하는 소리인데요. 혀 아래에 있는 설소대가 혀 앞쪽에 위치하면, 혀끝이 입천장에 닿지 않아 정확한 소리가 나지 않을 수 있습니다. 이런 경우는 설소대 수술을 한 후, 발음 교정 훈련을 해야 합니다. 이를 제외하고는 혀의 길이와 발음은 전혀 상관이 없습니다.

　그렇다면 혀 짧은 소리, 새는 발음은 왜 나는 것일까요? 바로, 혀가 입천장의 정확한 위치에 있지 않기 때문입니다. 이는 구조적인 문제가 아니라 습관의 문제입니다.

　예를 들어, 거울을 보면서 '안'이라는 발음을 한번 해보겠습니다. 혹시 혀를 치아로 물고 계신가요? 만약 그런 분이 있다면, 잘못된 발음을 하고 계신 겁니다. 'ㄴ' 발음을 할 때 정확한 혀의 위치는 혀가 입 밖으로 보이는 것이 아니라, 혀끝이 윗니 뒤에 위치해야 합니다. '나'라는 발음을 할 때 혀끝이 윗니 뒤에 닿는 것을 보면, 정확한 혀의 위치를 알 수 있습니다. 이처럼 정확한 혀의 위치를 알고 훈련하면, 지금의 어눌한 발음을 충분히 교정할 수 있습니다.

보통 혀 짧은 소리, 새는 발음은 'ㄹ, ㅅ, ㅈ, ㅊ' 이 네 가지 발음에서 많이 나타납니다. 'ㅅ, ㅈ, ㅊ' 발음을 잘못 발음하는 경우 침이 고인 것 같거나 바람이 새는 것처럼 들리는 데요. 'ㅅ' 발음은 'th' 발음으로, 'ㅈ' 발음은 'ㄱ' 발음으로, 'ㅊ' 발음은 'ㅋ' 발음으로 발음이 되어 고민하는 분들이 많습니다. 또한, 'ㄹ' 발음은 'ㄷ'으로 소리가 나는데요. 어떤 분은 '우리'라는 말이 '우디'로 발음돼서 '우리나라'를 일부러 '저희나라'로 바꿔서 말하는 분도 계셨습니다.

혀 짧은 소리나 새는 발음은 전달력이 부족할 수도 있지만, 어눌한 이미지로 보일 수 있어서 대화를 할 때 위축이 되거나 자신감이 없어지기도 합니다. 이번 Type 4에서는 자음을 발음할 때 정확한 혀의 위치를 이해하고, 이를 통해 정확한 발음으로 거듭나는 시간을 가져보겠습니다.

자음발음법 훈련하기

　자음은 혀가 입천장 어디에 위치하느냐에 따라 총 다섯 가지로 분류할 수 있습니다. 입술소리, 혀끝소리, 앞 입천장소리, 뒤 입천장소리, 목청소리 이렇게 다섯 가지입니다. 입술소리는 혀와 상관없이 입술을 붙였다 떼며 내는 소리입니다. 혀끝소리는 혀끝을 윗니 바로 뒤 입천장에 붙여서 내는 소리입니다. 앞 입천장소리는 혀 중간 부분을 딱딱한 앞 입천장에, 뒤 입천장소리는 혀 뒷부분을 목구멍 안쪽 부드러운 입천장에 붙였다 떼며 내는 소리입니다. 마지막으로 목청소리는 혀와 상관없이 호흡과 같이 나오는 소리입니다.

입술소리	혀끝소리	앞 입천장소리	뒤 입천장소리	목청소리
ㅁ	ㄴ	ㅅ	ㄱ	ㅎ
ㅂ	ㄷ	ㅈ	ㅇ	
ㅍ	ㅌ	ㅊ	ㅋ	
ㅃ	ㄸ	ㅆ	ㄲ	
	ㄹ	ㅉ		

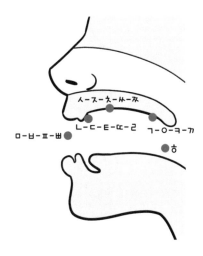

① 입술소리 (ㅁ , ㅂ , ㅍ , ㅃ)

　윗입술과 아랫입술을 붙였다 떼면서 소리 냅니다. 입술소리를 어려워하는 분들은 거의 없으실 텐데요. 한 글자 한 글자 발음하는 것은 어렵지 않지만, 문장 안에 입술소리가 있으면 발음이 뭉개지는 경우가 있습니다. 예를 들어 '짐꾼'이라는 단어가 있는데요. '짐' 글자에 있는 'ㅁ' 받침을 신경 써서 발음하면 입술을 붙여서 소리 내게 됩니다. 하지만, 대충 발음을 하면 '징꾼'처럼 발음하기 쉬운데요. 이렇게 입술을 붙이지 않고 발음하면 정확한 소리로 들리지 않습니다. 이 점에 유의하면서 신경 써서 또박또박 발음 연습을 해보겠습니다.

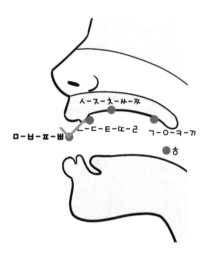

ㅅ-ㅈ-ㅊ-ㅆ-ㅉ

ㄴ-ㄷ-ㅌ-ㄸ-ㄹ

ㄱ-ㅇ-ㅋ-ㄲ

ㅁ-ㅂ-ㅍ-ㅃ

ㅎ

마음, 짐꾼, 합격, 메밀, 바보, 비빔밥, 푸념, 뿌리 염색, 비비디바비디부, 무책임한 말

 발음에 주의하며 또박또박 읽어봅시다.

- 반갑습니다. 지금부터 발표를 시작하겠습니다.

- 맨드라미가 아름다운 마당 앞에서 들리는 매미의 맴맴 하는 울음소리

- 뻔하지만, 뻔하지 않은 목소리, 얼마나 편안한지 모르실 거예요.

- 우물의 물맛은 무아지경에 이를 만큼 맛있습니다.

- 선생님의 말 한마디가 내 마음에 울림을 주었습니다.

- 마음이 아플수록 내 마음은 성장합니다.

혀끝을 윗니 뒷부분에 붙여서 소리 냅니다. 'ㄴ, ㄷ, ㅌ, ㄸ' 발음의 경우 치아를 살짝 닫아 혀를 치아로 물거나 혀가 입 밖으로 나오지 않도록 합니다. 만약 치아가 많이 열리게 되면, 입천장에 혀가 닿기 어렵습니다. 'ㄹ' 발음은 혀끝이 'ㄴ' 발음보다 뒤쪽 입천장에 위치합니다. 혀끝이 입천장 쪽으로 더 올라가야 하기 때문에 이때는 치아를 살짝 열어야 발음이 잘됩니다.

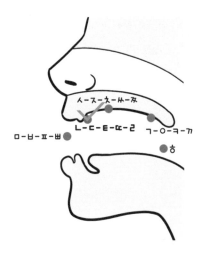

노랑나비, 누르스름하다, 시냇물, 눈물, 다도해, 도랑, 두꺼비, 도도새
다리미, 여름, 로터리, 일정, 을지문덕, 이루다, 노로바이러스

발음에 주의하며 또박또박 읽어봅시다.

• 함평 나비축제에 관광객이 많이 내려왔다.

• 나비야 나비야 이리 날아오너라. 노랑나비 흰나비 춤을 추며 오너라.

• 두꺼비 둘 도깨비 둘 둔한 두더지 독한 독사

• 다닥다닥 붙어 앉은 대기자들

• 라디오에서 울리는 비올라 소리

• 따르릉따르릉 따르르르릉 찌르릉찌르릉 찌르르르릉

• 나는 랄랄랄라 노래를 부르며 노랗게 물드는 노을 지는 강을 바라본다.

혀 중간 부분을 딱딱한 앞 입천장 부분에 붙였다 떼면서 소리 냅니다. 이때 주의할 점은 치아를 살짝 닫아 혀를 치아로 물거나 혀가 입 밖으로 나오지 않도록 합니다. 또한, 혀끝은 윗니 쪽에 붙지 않도록 하고, 혀에 힘을 주지 않은 상태에서 아랫니 쪽으로 자연스럽게 향하게 합니다.

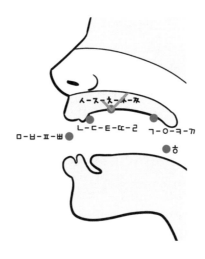

사과, 감사, 서울, 그래서, 세로, 고생, 소문, 이발소, 수박, 옥수수, 스키, 크리스마스, 시장, 자유, 사자, 저는, 오전, 재미, 어제, 좋은, 수족관, 주전자, 아주, 즐거운, 요즘, 지진, 거지, 차량, 주차장, 처음, 하천, 채우다, 싸우다, 액체, 촛불, 일초처럼, 출근, 고충, 측은, 게슴츠레, 치약, 주치의, 짜장면

 발음에 주의하며 또박또박 읽어봅시다.

• 생각이란 생각하면 생각할수록 생각나는 것이 생각이므로 생각하지 않
  는 것이 좋은 생각이라 생각한다.

• 숲속을 샅샅이 뒤져서 사슴을 찾았는데, 사슴인 줄 알고 사냥한 것은
  사슴이 아니고 사자였습니다.

• 올해로 만 칠 세인 철수는 횡산 초등학교에 입학해서 새로운 선생님과
  새로운 친구들과 함께 공부를 하게 되었습니다. 어느 날 철수가 책상에
  낙서를 하자, 선생님은 철수에게 철수 책상 새 책상 철수 책상 새 책상
  철수 책상 새 책상이라고 책상에 쓰라고 하셔서, 철수는 선생님이 시키
  는 대로 철수 책상 새 책상 철수 책상 새 책상 철수 책상 새 책상이라고
  책상에 적었습니다.

• 앞집 팥죽은 붉은 풋팥죽이고, 뒷집 팥죽은 하얀 풋팥죽이다.

• 간장공장 공장장은 박 공장장이고, 된장공장 공장장은 손 공장장이다.

• 중앙청 철창살 쌍창살, 철도청 쇠창살 겹창살

• 저기 가는 저 상장사가 새 상 상장사냐 헌 상 상장사냐.

• 자주 가는 저 집은 아주 맛있는 밥집이고, 자주 가지 않는 저 집은 아주 맛
  없는 밥집이다.

• 오는 3월부터 정부기관 철창살이 대대적으로 바뀐다고 합니다. 현재
  중앙청 철창살은 쇠 철창살, 경찰청 철창살은 쌍 철창살, 종합청사 철
  창살은 겹 철창살인데요. 앞으로 중앙청 철창살은 겹 쌍창살, 경찰청
  철창살은 쇠 철창살, 종합청사 철창살은 쇠 쌍창살로 바뀐다고 공식 발
  표했습니다. 이에 시민 김철창 씨는 경찰청 창문 쇠 철창살은 녹슨 쇠
  철창살인가 녹 안 슨 쇠 철창살인가, 라고 질문해 눈총을 사기도 했습
  니다.

목구멍에 가까운 혀 뒷부분을 목구멍 안쪽 부드러운 입천장에 붙였다 떼면서 소리 냅니다.

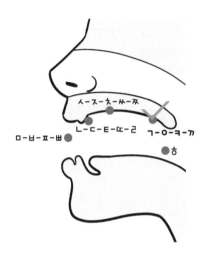

가구, 휴가, 거실, 장거리, 개구리, 꽃게, 꼬투리, 달고나, 군가, 꾸러기, 꿈을 꾸다, 끝, 노끈, 낄낄, 아이, 아이스크림, 얼굴, 추월, 앨리스, 엘사, 온정, 구옥, 근거리, 지금, 기억, 코끼리, 큰 키, 쿠키, 커리어, 스컹크, 케미, 케이크, 코리아, 스콘, 쿨쿨, 짝꿍, 크리스마스, 키위, 와이키키, 까다로운, 살까말까, 꿩, 두꺼비, 깨끗하다, 참깨, 꽃 정원, 꿀, 가방끈, 끼리끼리

발음에 주의하며 또박또박 읽어봅시다.

- 가고 가고 기어 가고 걸어 가고 뛰어 가고 지고 가고 이고 가고 놓고 가고 들고 가고 쥐고 가고 잡고 가고 자꾸 가고 다시 가고

- 한 시골 마을에서 마을 주민들이 이번에 수확한 들의 콩깍지는 깐 콩깍지인가 안 깐 콩깍지인가 깐 콩깍지와 안 깐 콩깍지를 한곳에 보관할까 깐 콩깍지와 안 깐 콩깍지를 따로 보관할까를 놓고 크게 대립하고 있다고 하는데요. 일부 마을 주민들은 깐 콩깍지면 어떻고, 안 깐 콩깍지면 어떠냐? 깐 콩깍지나 안 깐 콩깍지나 콩깍지는 다 콩깍지인데, 라는 반응을 보이고 있다고 합니다.

⑤ 목청소리 (ㅎ)

입천장에 혀가 전혀 닿지 않은 상태에서 호흡과 함께 소리 냅니다.

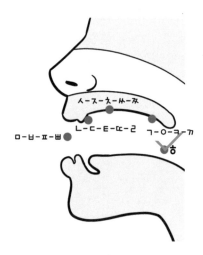

함께, 지하, 허투루, 불허, 해질녘, 헤어지다, 고해, 흐름, 고흥, 힐링, 히히호호
하늘, 휴식, 휴가, 햇빛, 호감, 향기, 효과, 합격, 현재, 지혜

 발음에 주의하며 또박또박 읽어봅시다.

화요일 날씨 키워드 한 번에 정리해드립니다.
화요일인 오늘은 '화창한 날씨', '맑은 하늘', 그리고 '큰 일교차'인데요.
한가위답게 오늘은 하루 종일 화창한 날씨가 이어질 텐데요.
청명한 가을 하늘에 함박웃음을 짓고 있는 보름달 확실히 보실 수 있겠습니다.
하지만, 강원 동해안에만 오전까지 비 소식이 있는데요.
모두 그친 뒤, 낮에는 전국이 화창하겠습니다.
다만, 환절기 큰 일교차에 건강관리 소홀하시면 안 되겠습니다.
'가을'하면 역시 맑은 하늘이 최고인데요.
오늘 하루 가족과 함께 하하 호호 웃음 지으면서
하늘빛 한번 꼭 보시면 좋겠습니다.

실습하기 **일상**에서 **활용**하기

자음발음법을 반복적으로 훈련했다면, 일상적인 말하기에 활용해볼까요?

빈칸을 채우면서 자음을 정확하게 발음하며 혀 짧은 소리와 새는 발음을 교정해보겠습니다.

• 자음발음법을 활용하여 짧은 문장을 말해봅시다.

안녕하세요. _____ 입니다.

오늘은 제가 좋아하는 사람의 유형에 대해 말씀드리겠습니다.

저는 _____ 을 좋아합니다.

왜냐하면 _____ 때문입니다.

저도 _____ 이 되기 위해서 노력할 것입니다.

첫째, _____ 하겠습니다.

둘째, _____ 하겠습니다.

셋째, _____ 하겠습니다.

여러분들도 _____ 하시기 바랍니다.

감사합니다.

• 자음발음법을 활용하여 스피치 해봅시다.

스피치 주제 : 나의 버킷리스트

_____

_____

_____

_____

_____

_____

_____

_____

_____

_____

_____

_____

_____

_____

_____

_____

_____

 배윤희 **보이스 트레이너**의 **미션**

앞으로 1주일 동안 하루에 한 번씩, 평소에 자주 사용하는 5개 문장을 10회씩 말해봅시다.

(예시 : 감사합니다. 어서 오세요. OOO입니다.)

지루한
목소리

배려심이란, 상대방이 처한 상황을 고
려하여 말과 행동으로 필요한 것을 충
족시켜주는 마음입니다. '무슨 말을
할까'만 생각하지 말고, 상대방에게
'어떻게 들릴까'도 생각하는 '배려심
있는 목소리'가 필요합니다.

[목표] 밋밋한 목소리에 리듬 만들기

노래를 부를 때처럼, 말을 할 때도 리듬이 필요합니다.

여러분은 맛있는 음식을 먹을 때 어떻게 반응하시나요?
물론 아무런 표현을 하지 않는 무뚝뚝한 분들도 있겠지만, 맛있는 음식을 먹은 후 나름 자신만의 감탄사를 내뱉게 되는데요. "맛있어."라는 말을 예로 들어본다면 어떤 사람은 영혼 없이 밋밋하게 해서 상대방으로 하여금 진짜 맛있다는 건지, 맛이 없다는 건지 파악하기 어렵게 표현하는 경우가 있습니다. 반면 어떤 사람은 "음~~~ 맛~~있~~어~~" 하면서, 말의 느낌과 높낮이를 최대한 살려서 표현하는데요. TV에 나오는 연예인이나 리포터, 진행자들의 적극적인 리액션을 생각하면 더욱 이해가 쉬울 것입니다. 이처럼 같은 말도 어떻게 표현하느냐에 따라 전달력이 달라집니다.

주변에 말을 참 맛깔나게 하는 사람들이 있죠? 별말 아닌데도 그 사람이 하는 말은 더 집중하게 되고, 더 재밌게 들릴 때가 있습니다.

반면에 재밌는 이야기도 재미 없게 말하는 사람이 있는데요. 이런 차이는 말투, 표정, 몸짓, 손짓 등 다양한 요소에서 결정되지만, 그중에서도 목소리의 리듬은 우리의 이야기를 좀 더 전달력 있고, 호소력 있게 만들어줍니다. 한 음으로 밋밋하게 말하면 지루하지만 말의 높낮이, 강약, 쉼 등을 잘 활용하면 누구나 말을 맛있게 하는 사람처럼 보일 수 있습니다. 이번 시간을 통해 여러분의 목소리에 생동감과 리듬감을 더해보도록 하겠습니다.

롤러코스터 레일을 보면 오르막이 있고, 내리막이 있죠. 우리도 말을 할 때 자연스럽게 음을 올리고 내리게 되는데요. 언제 올리고 내리는지 한번 확인해볼까요?
'감사합니다'라고 말해봅시다. 어떤 글자에서 음이 올라가고 내려가나요? 평서문으로 말할 때, 대부분은 두 번째 글자인 '사'에서 음이 올라가고, 마지막 글자 '다'에서 음이 내려가는 것을 확인할 수 있는데요. 이러한 오르막과 내리막의 음의 차이가 작을수록 밋밋한 목소리가 되고, 차이가 클수록 목소리가 리듬감 있게 들리는 것입니다.

또한, 말을 할 때 오르막의 횟수가 적으면 밋밋한 목소리가 되는데요. "돈가스 먹었는데 정말 맛있었어."라는 말을 예로 들어볼게요. 이 말에서 중요하다고 생각하는 부분이 적다면 밋밋하게 말하겠죠. 하지만, 표현력이 정말 좋은 분들은 '돈가스' '먹었는데' '정말' '맛있었어' 모두에 감정을 넣어 말하기도 합니다. 이처럼 말을 할 때 리듬을 많이 넣으면 생동감 있는 목소리가 될 수 있습니다.

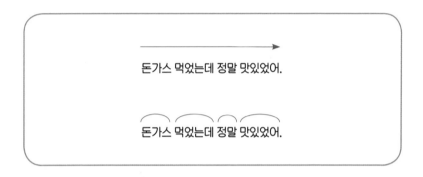

그럼 말에 리듬을 넣는 방법에 대해 본격적으로 훈련해볼까요?

[트레이닝]
리듬보이스 훈련하기

① 말에 오르막 만들기

앞서 설명한 것처럼 말에 리듬을 넣는 방법은 어렵지 않습니다. 바로, 문장의 두 번째 글자부터 음을 올리면 되는데요. 여기서 중요한 점은 두 번째 글자부터 음을 올리되, 그 뒤에 글자들의 음이 내려가지 않게 하는 것입니다. 음을 유지하다가 마지막 글자에서만 음이 내려가도록 유의하며 문장을 읽어봅시다.

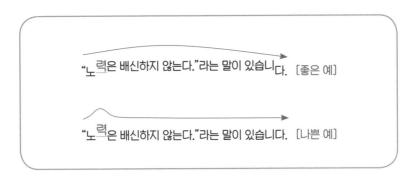

이렇게 한 문장이 끝나고 다음 문장을 말할 때도 다시 두 번째 글자에서 음을 올려야겠죠?

두 번째 글자부터 음을 올리며, 아래 문장을 읽어보세요.

"노력은 배신하지 않는다."라는 말이 있습니다.

노력하면 적어도 지금보다는 좋아진다는 것

그것이 바로

노력의 묘미가 아닐까요?

노력한 만큼 좋은 결과는 따라온다는 사실

잊지 마세요.

어떠신가요? 밋밋함이 조금은 개선된 느낌인가요? 어색해도 자꾸 노력하면 좋아질 수 있습니다.

자, 이제는 오르막을 많이 만들어볼 텐데요. 앞서 말에 오르막이 많을수록 리듬감 있는 목소리를 만들 수 있다고 설명드렸죠. 말에 오르막을 많이 만든다는 것은 그만큼 강조를 하라는 건데요. 한 문장 안에도 조금 더 강조를 해야 하는 중요한 내용이 있습니다.

예를 들면 "안녕하세요. OOO(이름)입니다."라는 간단한 인사에서 '안녕'과 'OOO(이름)' 중 무엇이 더 중요할까요? 당연히 이름이 더 중요하겠죠. 하지만 우리는 문장의 뒷부분으로 갈수록 말끝이 흐려지고, 강조를 하지 않는 경향이 있습니다. 그래서 때에 따라서는 이름이 안 들리는 경우가 있는데요. 이처럼, 여러분이 생각했을 때 문맥상 또는 의미상 중요한 부분을 강조하여 말하면 좀 더 전달력이 좋아집니다.

자, 그럼 지금부터 강조기법을 배워보도록 하겠습니다.

총 네 가지의 강조기법을 배워보도록 할 텐데요. 자신의 말하기 유형에 따라 기법을 선택하면 됩니다. 말이 밋밋하고 높낮이가 없는 분은 높임 강조를, 말이 빠른 분은 천천히 강조 또는 멈춤 강조를, 평소 표현력이 부족하다고 느끼는 분은 느낌 강조를 훈련하면 더 큰 효과를 볼 수 있습니다.

㉠ 높임 강조

말 그대로 중요한 부분에서 음을 높이는 강조법입니다. 크고 힘찬 소리가 상대방에게 훨씬 잘 전달됩니다. 따라서 중요하다고 생각하는 부분에 더 힘을 내서 음을 높여 표현해 보세요. 지금부터 높임 강조를 활용해서 중요한 부분을 강조하며 읽어보도록 하겠습니다.

인생의 승리는 용기에서 시작됩니다.

인생의 승리는 용기에서 시작됩니다.

인생의 승리는 용기에서 시작됩니다.

인생의 승리는 용기에서 시작됩니다.

인생의 승리는 용기에서 시작됩니다.

높임 강조를 신경 쓰며 읽어봅시다.

중국인은 '위기'를 두 글자로 씁니다.

첫째는 위험의 의미이고 둘째는 기회의 의미입니다.

위기 속에서는 위험을 경계하되, 기회가 있음을 명심하십시오.

- 존 F. 케네디 -

오늘 낮 동안 온화한 날씨에 활동하기 좋은 하루였습니다.

하지만 따뜻한 서풍이 만든 비구름이 다가오고 있는데요.

내일은 전국적으로 비나 눈이 조금 내리겠고,

서울 등 그 밖의 중부 지방에도 산발적으로 눈이 날리거나

빗방울이 떨어지는 곳이 있겠습니다.

내일 아침은 대부분 영상권으로 출발하겠습니다.

서울 1도, 광주 2도, 부산 4도가 예상되고요.

한낮에도 비교적 온화하겠는데요,

비가 그친 뒤에는 모레 낮부터 다시 찬 공기가 유입됩니다.

다행히 하늘은 대체로 맑아서 마지막 해넘이와 새해 첫 해돋이는 전국

에서 비교적 선명하게 볼 수 있겠습니다.

지금까지 날씨정보였습니다.

- [출처] YTN 뉴스 중 -

 의미상 중요하다고 생각하는 단어에 체크를 한 후,
높임 강조룰 활용해서 읽어봅시다.

2020년 경자년은 쥐띠 해입니다.

쥐는 12간지 중 첫 번째 순서인데요.

왜 쥐가 첫 번째일까 궁금하시죠?

하늘의 대왕이 열두 마리의 동물들을 어떻게 줄 세울까 하다가

경주를 시켰습니다.

우직한 소는 아침 일찍 출발해 부지런히 걸었고,

똑똑했던 쥐는 그런 소의 등에 올라타 있다가

결승선 앞에서 뛰어내렸죠.

결국 쥐는 자신의 신체적인 약점을 기지로 활용하여 1등을 하게 됩니다.

2020년 쥐의 해에는 재치 있고 민첩한 계획으로

성공을 경험해보시기 바랍니다.

ⓛ 천천히 강조

　앞서 높임 강조를 배웠는데요. 말의 속도가 빠른 분들은 천천히 강조를 활용하는 것이 더 효과적입니다. 천천히 강조는 중요한 단어를 강조하고 싶을 때 천천히 말하는 것인데요. 이를 통해 말의 리듬을 만들 수 있고, 말의 빠르기도 개선할 수 있는 일석이조의 효과가 있습니다.

　중요한 단어를 강조한다는 마음으로, 천천히 속도를 조절하며 문장을 읽어볼까요?

> • 소통은 다른 사람을 알~아~가~는 과정입니다.
>
> • 남에게 손가락질할 때, 세~ 개의 손가락은 자기 자신을 가~리~키~게 된다는 것, 잊지 마십시오.
>
> • 여행을 할 때 빨~리 걸어가면 빨~리 볼 수 있어서 좋지만,
>   천~천~히 걸어가면 많~은 것을 볼 수 있어서 좋습니다.

 천천히 강조를 신경 쓰며 읽어봅시다.

쉬운 일을 어~려~운 일처럼, 어려운 일을 쉬~운 일처럼 대하라.
전자는 자신감이 잠~들~지 않게, 후자는 자신감을 잃~지 않~기 위함이다.

－ 발타사르 그라시안 －

오늘은 헷갈리는 맞~춤~법에 대해 알아볼게요.
다음 문장에서 틀~린 부분은 무엇인지 찾아볼까요?
"요 몇~일 사이에 날씨가 추~워졌다."
정답은 바로, '몇~일'인데요.
'몇'이라는 단어는 얼~마 정도의 개수를 이야기할 때 사용합니다.
몇~월, 몇~명처럼 사용할 수 있겠죠.

반면, 그달의 몇~째~되~는~날, 즉 '몇~날'의 뜻으로 쓸 때는 '며~칠'이
라고 표현해야 합니다.

며칠은 몇과 일의 합~성~어가 아니라, '며~츨'이라는 옛말이 변~화~된
것이라고 해요.

"오늘이 몇~월 며~칠인지 아니?" 이처럼, 올~바~르~게 사용하면 좋겠죠?

 의미상 중요하다고 생각하는 단어에 체크를 한 후,
천천히 강조를 활용해서 읽어봅시다.

사람 몸 안에서 딱 한 군데,

암이 생기지 않는 유일한 부분이 있다고 합니다.

혹시 어딘지 아시나요?

그곳은 바로, 심장이라고 합니다.

암은 어떤 부위의 기능이 떨어지면서

차가워지면 생길 수 있는데요.

심장은 피가 왔다 갔다 하면서

늘 뜨겁게 움직이기 때문에

절대 암이 생길 수 없다고 하는군요.

인생도 마찬가지입니다.

늘 열정으로 뜨겁게 달구십시오.

ⓒ 느낌 강조

말을 밋밋하게 하는 분 중 표현력이 다소 부족한 분이 있는데요. 이는 감성보다 이성이 발달했거나, 과하게 표현하는 것이 호들갑 떤다고 느껴져 거부감이 들기 때문입니다. 담백하고 깔끔하게 말하는 것을 선호한다면 표현도 다소 정제될 수 있지요. 이런 경우 높임 강조와 더불어 느낌 강조를 활용한다면, 더 감성적인 목소리로 거듭날 수 있습니다. 과하다고 느껴질 정도로 최대한 감정을 넣어서 표현해보세요.

자~ 오늘이 바로 수능 시험 날이죠.
한 동영상 사이트에서 유명한 박막례 할머니께서
수험생들을 위해서 응원 메시지를 전했는데요.

"아~ 수능의 '수'자도 모르는 할머니도 잘 살잖아~
안 돼도 되니까 마음 푹 놓고 봐잉~ 느그들 먹고 살 길은 많어!
공부 안 해도 되니까 느그들 몸만 건강하고 인간만 되면 돼~ 알았지~?"

공부 안 해도 된다는 이 말이,
잘 보라는 말보다 오히려 짠한! 응원으로 다가오는데요.
우리 수험생들 마음 편~안하게 시험장으로 가면 좋겠네요.

- [출처] 〈세상을 여는 아침〉 중 -

느낌 강조를 신경 쓰며 읽어봅시다.

혁신은 연구 개발 자금을 얼마나! 갖고 있느냐와 상관없습니다.
애플이 매킨토시를 출시했을 때 IBM은 연구 개발에 최소! 100배 이상의
비용을 쏟고 있었습니다. 돈이 문제가 아닙니다. 어~떤 인력을 갖고 있느
냐, 어~떤 방향으로 가느냐, 결과가 얼~마나 나오느냐에 관한 문제입니다.

- 스티브 잡스 -

김　숙 : 언니는 맛 표현을 어~쩜 그~렇게 옛날부터 잘했어요?
　　　　언니가 얘기하면 다~ 먹고 싶어지잖아.

이영자 : 아~ 나는 우리 엄마가 옛날부터 일하느라 제때 밥을 못해주셨어.
　　　　그러니까 늘~ 상상하는 거야.
　　　　연탄불 위에 꽁치를 칼집 착착!착!착! 내서 올려
　　　　그리고 굵은소금을 뿌려서 노~릇~노릇하게 구워
　　　　한 번에 네 마리를 굽는 거지.
　　　　그중에 가장~ 잘 익은 아~주 맛~있어 보이는 놈을 하나 들고,
　　　　꽁치 갈비처럼 뜯어야겠다~ 생각하는 거야.
　　　　그리고 우리 엄마 고향이 광천이거든
　　　　김이 또 기~가 막혀요.
　　　　그 김을 약한 연탄불에 스싁!스싁! 구워서 쪽~ 찢어
　　　　그걸 양념간장에 찍어서 밥 한 숟가락 넣고 아우~!
　　　　그러면 한 그릇 뚝딱!이지 뭐.

- [출처] VIVO TV 중 -

의미상 중요하다고 생각하는 단어에 체크를 한 후,
느낌 강조를 활용해서 읽어봅시다.

"이름이 무슨 소용이 있단 말인가,

장미가 다른 이름을 가진 들, 그 향기에 변함이 있느냐."

이 로미오와 줄리엣의 명대사처럼요.

무엇으로 불리든 본질은 바뀌지 않는다는 생각이

필요한 시점인 것 같습니다.

누군가는 설레는 시작에 꿈으로 부푼 3월이지만,

여전히 누군가에겐 재수생, 삼수생, 취업 준비생 등등

속 쓰린 이름으로 불릴 3월.

하지만, 이럴 때일수록 그런 호칭 하나에 기죽고, 맥이 빠지면 안 되겠죠?

잠시 괴로운 이름으로 불린다 한들

아직 열정이 있고, 여전히 꿈이 있는데

나만 변하지 않는다면 원하는 이름으로 불릴 그날도 머지않았을 테니까요.

누구도 기운 잃지 않는 꿈을 품고 다시 시작하기 괜찮은 3월이기를

바라봅니다.

- [출처] 라디오 DJ 대본 -

ㄹ 멈춤 강조

  말하는 사람이 갑자기 말을 멈추면 우리는 그 사람을 쳐다보게 됩니다. 이처럼, 침묵은 관심을 집중시키는 힘이 있는데요. 특히 중요한 단어 앞에서 말을 잠시 멈추면 강조하는 효과가 더욱 커집니다. 말의 속도가 빠르거나 천천히 여유 있는 목소리로 표현하고 싶다면, 멈춤 강조를 적극적으로 활용해보세요. 단, 멈춤은 숨을 쉬는 구간이 아닌 말소리만 잠시 짧게 멈추는 것임을 기억하세요. 또한, 멈춤 강조 이후 높임 강조나 천천히 강조, 느낌 강조를 함께 사용하면 더욱 효과적입니다.

> 흔히들 말한다. 상대가 원하는 걸 해주는 것이 ∨ 사랑이라고
> 하지만 그건 ∨ 작은 사랑인지도 모른다.
> 상대가 싫어하는 걸 하지 ∨ 않는 것이야말로 ∨ 큰 사랑이 아닐까.
>
> 사랑의 ∨ 본질이 그렇다. 사랑은 함부로 ∨ 변명하지 않는다.
> 사랑은 순간의 상황을 ∨ 모면하기 위해 이리저리 ∨ 돌려 말하거나
> 방패막이가 될 만한 ∨ 부차적인 이유를 내세우지 않는다.
> 사랑은, 핑계를 댈 시간에 둘 사이를 가로막는 ∨ 문턱을 넘어가며
> ∨ 서로에게 향한다.
>
> — [출처] 이기주 『언어의 온도』 —

멈춤 강조를 신경 쓰며 읽어봅시다.

인간은 끊임없이 어떤 방식으로 행동함으로써 v 특정한 자질을 습득한다.
올바른 행동을 하면 v 올바른 사람이, 절도 있는 행동을 하면 v 절도 있는
사람이, 용감한 행동을 하면 v 용감한 사람이 된다.

– 아리스토텔레스 –

여의도 주변의 교통 상황은 v 좋은 편입니다.
올림픽대로를 따라 v 잠실 쪽으로 가는 차량들도 아주 v 수월해 보이고요.
반대편 공항 쪽으로도 차량 흐름이 v 좋습니다.
강변도로는 v 한남동 쪽으로 마포, 원효, 한강대교 북단을 v 정상 속도로
지나고 있고요. 반대편 난지도 쪽으로도 전 구간 v 어려움 없습니다.
각 다리 중에서는 한강대교가 남단 부근의 v 3중 추돌 사고 여파로 흑석
동에서 한강대교 남단 진입이 v 어려운 상태지만, 마포와 원효대교는 외
곽이나 도심 쪽으로 모두 v 시원하게 지나고 있습니다.
이상 교통 정보였습니다.

– [출처] 〈교통 정보〉 원고 –

의미상 중요하다고 생각하는 단어에 체크를 한 후,
멈춤 강조를 활용해서 읽어봅시다.

2019년 주요 화두 중 하나는 '90년대생'이었습니다.

기성세대와는 다른 성향을 띤 90년대생에 주목하고 그들의 성향을 이해

하며, 소통하는 법에 관심이 모였는데요.

이와 관련하여 2020년 트렌드 키워드로 '페어플레이어'라는 단어가 있

습니다.

90년대생들은 공평하고 올바른 것에 대한 추구가 강해지는 트렌드를 가

지고 있는데요. 학생들은 팀별과제보다는 개인과제를 선호하고, 직장에

서는 팀장을 서포트 하기보다는 나 자신의 성과로 평가받기를 원합니다.

공정을 추구하는 젊은 세대는 제품을 구매할 때도 그 브랜드의 공평성과

선한 영향력을 중시한다고 해요.

예를 들면, 만원 버스에서 기사님이 뒷좌석 문을 열어줬는데요. 앞좌석 문

에 줄 서 있던 누구도 움직이지 않았다고 합니다. 뒷좌석 문을 이용하는

것은 공정한 페어플레이가 아니라는 생각 때문이죠.

90년대생과 소통할 때, '페어플레이어'라는 키워드를 잘 기억해두어야겠습

니다.

– [출처] 김난도 외 8명 『트렌드 코리아 2020』 –

목소리에 리듬감을 주는 방법을 배웠다면, 일상적인 말하기에 적용해봐야겠죠?

빈칸을 채우면서 자신만의 리듬을 활용하여 생동감 있는 목소리로 거듭나봅시다.

• 리듬보이스를 활용하여 짧은 문장을 말해봅시다.

'터닝 포인트'라는 말, 많이 사용하시죠?

'터닝 포인트'는 경기의 승패를 좌우하는 분기점, 또는 그 원인이 된 플레이를 말합니다.

보통은 인생의 전환점이라는 뜻으로 많이 사용하는데요.

여러분도 인생의 터닝 포인트가 있으신가요?

제 인생의 터닝 포인트는 _____ 였습니다.

그 전까지 저는 _____ 삶을 살았거든요.

하지만, 그때를 계기로 _____ 변화할 수 있었습니다.

지금도 힘들고 지칠 때면 _____ 를 떠올리며

더욱 _____ 하려고 노력하고 있습니다.

• 리듬보이스를 활용하여 스피치 해봅시다.

스피치 주제 : 꼭 만나고 싶은 인물과 만나면 하고 싶은 질문 3가지

_____

_____

_____

_____

_____

_____

_____

_____

_____

_____

_____

_____

_____

_____

 배윤희 **보이스 트레이너**의 **미션**

앞으로 1주일 동안 하루에 한 번씩, 암기하고 있는 노래 가사에 리듬을 넣어 말해봅시다.
(예시 : 그래요 난~ 난 꿈이 있어요. 그 꿈을 믿어요. 나를 지켜봐요.
　　　저 차갑게 서 있는 운명이란 벽 앞에 당당히 마주칠 수 있어요.)

− [출처] 인순이 〈거위의 꿈〉 −

빠른
목소리

- -

사람들은 자신이 하루 동안 사용하는 시간의 40% 이상을 듣기 활동에 사용한다고 합니다. 말하기나 읽기, 쓰기에 비해 훨씬 많은 시간인데요. 그렇다면, 자신의 목소리에 집중하는 시간은 얼마나 될까요? 말 속도 교정은 자신의 말 속도를 '아는 것'에서부터 시작합니다. 듣는 귀를 열고 여러분의 목소리에 집중해보세요.

🎤 [목표] 안정적인 속도로 말하기
내가 들었을 때 느릴수록 상대방이 듣기 편합니다.

'완급 조절'이라는 단어를 들어보셨나요?

저는 야구 경기에서 많이 들었는데요. 투수가 타자를 상대할 때 빠른 타이밍에서 투구를 하다가, 갑자기 속도를 늦춰 타자의 적절한 타격 타이밍을 빼앗는 것을 말합니다. 이처럼 말을 할 때도 속도 조절, 즉 완급 조절이 필요합니다.

말을 할 때 속도 조절이 되지 않아서 고민하는 분들이 굉장히 많습니다. 말이 빠르면, 호흡이 불안정해지면서 더욱 가속이 붙기 마련인데요. 이렇게 되면 상대방이 말을 잘 못 알아듣기도 하고, 이야기를 두세 번씩 반복해야 할 때도 있습니다. 이러한 상황이 잦아지면 소통하는 데 어려움이 생기겠죠.

또한, 말이 빠르면 발음이 뭉개지고 버벅거리게 됩니다. 성격이 급해 보일 수도 있고요. 최근에는 빠르고 간단한 소통을 선호하다 보니 말이 빠른 분들이 정말 많습니다. 말이 빨라서 고민인 분이라면 '천천히 말해야지' 하며, 나름 신경 써서 고치려고 노력한 적이 있으실 겁니다. 하지만 '천천히'라는 말은 지키기 매우 어렵습니다. 스스로 속도를 인식하지 못하기 때문이죠. '천천히 말해야지' 하고 마음을 먹었다가도, 말의 내용에 집중하다 보면 어느새 또다시 빨라지게 됩니다. 따라서 좀 더 명확한 솔루션이 필요한데요. 그것은 바로 말을 할 때 '쉼'을 의도적으로 많이 두는 것입니다.

예를 들면, "오늘 저녁 뭐 먹지? 그냥 간단하게 먹자."라는 문장으로 확인해봅시다. 한번 소리 내서 자연스럽게 말해볼까요? 말하면서 몇 번 쉬었는지, 혹은 몇 번 멈췄는지 세어 보세요.

의미를 생각하면서 천천히 말을 했다면, 아래 문장처럼 쉼이 있었을 겁니다.

"오늘 저녁 ∨ 뭐 먹지?/ 그냥 ∨ 간단하게 먹자."/

이처럼, 말을 할 때는 '쉼'과 '멈춤'이 필요합니다.

쉼이란, 위의 문장에서 '/' 표시가 되어 있는 부분처럼 문장의 끝부분을 말합니다. 보통 마침표나 쉼표, 물음표 등이 사용되는 부분이죠. 이때는 한 번의 숨을 크게 들이마실 정도로 말을 멈추고 다음 문장을 말할 시간을 가져야 합니다.

멈춤이란 '∨' 표시가 되어 있는 부분처럼 한 문장 안에서 의미 전달을 위해 쉬는 구간인데요. Type 5에 나오는 멈춤 강조에서 연습해보았죠. 숨을 쉰다기보다는 말소리만 잠시 멈춘다고 생각하면 좋습니다. 보통 주어 다음에 멈추거나 목적어 또는 중요한 단어 앞에서 활용할 수 있습니다. 결국 말의 속도를 조절한다는 건 말을 할 때 적절한 쉼과 멈춤을 잘 활용하는 것입니다. 그럼 이제 빠른 목소리를 안정적인 속도로 교정해볼까요?

말 정지(pause) 훈련하기

① 쉼(/) 활용하기

앞서 설명드린 대로 한 문장이 끝나는 부분, 즉 마침표나 쉼표, 물음표를 사용하는 부분에서 충분히 쉬어 다음 문장까지의 여유를 가져봅시다. 말이 빠른 분이라면 더더욱 스스로 느리다는 생각이 들 정도로 천천히 말하는 게 중요합니다. 아래 지문에 쉼을 체크해보고, 체크한 대로 쉼을 신경 쓰며 읽어봅시다.

 아래 지문에 쉼(/)을 체크한 후,
쉼(/)을 신경 쓰며 읽어봅시다.

> 왕중왕전. 2부의 문이 활짝 열렸습니다. 지난주 김용진 씨가 1부 우승을 차지한 가운데 이번 주 2부에서는 과연 어떤 분이 우승 트로피를 거머쥘지 첫 번째, 두 번째 무대에 오를 가수를 뽑겠습니다. 이 분은 전설이 정말 사랑하는 가수입니다. 올해 감탄을 자아내는 극강의 가창력과 풍부한 감성으로 관객들의 눈물을 자아내며 우승 트로피를 차지했던 분인데요. 자타 공인 명품 보컬, 박기영 씨입니다.
>
> 이 분은 사실 올 한해 제2의 전성기를 맞이한 셈이 아닌가 싶어요. 불후의 명곡 무대를 통해서 카메라 울렁증을 극복하고, 2주 연속 우승을 하기도 했는데요. 그 어느 때보다도 무대에 오르는 재미를 만끽하고 있다고 합니다. 불후의 욕망 밴드, 몽니입니다.

[참고]
왕중왕전./(쉼)

2부의 문이 활짝 열렸습니다./(쉼)

지난주 김용진 씨가 1부 우승을 차지한 가운데/(쉼)

이번 주 2부에서는 과연 어떤 분이 우승 트로피를 거머쥘지/(쉼)

첫 번째, 두 번째 무대에 오를 가수를 뽑겠습니다./(쉼)

이 분은 전설이 정말 사랑하는 가수입니다./(쉼)

올해 감탄을 자아내는 극강의 가창력과 풍부한 감성으로/(쉼)

관객들의 눈물을 자아내며 우승 트로피를 차지했던 분인데요./(쉼)

자타 공인 명품 보컬, 박기영 씨입니다./(쉼)

이 분은 사실 올 한해 제2의 전성기를 맞이한 셈이 아닌가 싶어요./(쉼)

불후의 명곡 무대를 통해서 카메라 울렁증을 극복하고,/(쉼)

2주 연속 우승을 하기도 했는데요./(쉼)

그 어느 때보다도 무대에 오르는 재미를 만끽하고 있다고 합니다./(쉼)

불후의 욕망 밴드, 몽니입니다./(쉼)

- [출처] 〈불후의 명곡 - 전설을 노래하다〉 중 -

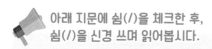 아래 지문에 쉼(/)을 체크한 후,
쉼(/)을 신경 쓰며 읽어봅시다.

우리가 제품에 관한 얘기를 시작할 때마다 잠재 고객은 러닝머신 위를 달려야 한다고 생각해보자. 우리가 떠드는 내내 고객이 달려야 한다면 과연 몇 분 동안 우리한테 집중해 줄까? 결코 길지 않을 것이다. 그런데도 우리는 늘 그런 실수를 저지른다. 브리핑이나 기조연설을 들을 때 혹은 웹 사이트를 방문할 때 고객은 우리가 나눠주는 정보를 처리하기 위해 칼로리를 소모해야 한다. 따라서 생존이나 번창에 써먹을 수 있는 얘기를 빨리 꺼내지 않는다면 상대는 우리 말을 그냥 무시해버릴 것이다.

[참고]
우리가 제품에 관한 얘기를 시작할 때마다/(쉼)
잠재 고객은 러닝머신 위를 달려야 한다고 생각해보자./(쉼)
우리가 떠드는 내내 고객이 달려야 한다면/(쉼)
과연 몇 분 동안 우리한테 집중해 줄까?/(쉼)
결코 길지 않을 것이다./(쉼)
그런데도 우리는 늘 그런 실수를 저지른다./(쉼)
브리핑이나 기조연설을 들을 때/(쉼)
혹은 웹 사이트를 방문할 때/(쉼)
고객은 우리가 나눠주는 정보를 처리하기 위해 칼로리를 소모해야 한다./(쉼)
따라서/(쉼)
생존이나 번창에 써먹을 수 있는 얘기를 빨리 꺼내지 않는다면/(쉼)
상대는 우리 말을 그냥 무시해버릴 것이다./(쉼)

– [출처] 도널드 밀러 『무기가 되는 스토리』 –

② 멈춤(V) 활용하기

이번에는 문장 안에서 의미 전달을 위해 잠시 멈추는 구간을 체크해보겠습니다. 숨을 쉰다기보다는 말소리만 잠시 멈춘다고 생각하면 좋습니다. 보통 주어 다음에 멈추거나 목적어 또는 중요한 단어 앞에서 활용할 수 있습니다. 정답은 없습니다. 전달하고자 하는 의미가 잘 전달될 수 있도록 아래 지문에 멈춤을 체크해보고, 체크한 대로 멈춤을 신경 쓰며 읽어봅시다.

 아래 지문에 멈춤(V)을 체크한 후,
멈춤(V)을 신경 쓰며 읽어봅시다.

아이큐가 지혜를 측정할 수 없고, 친구의 숫자가 관계의 깊이를 증명할 수 없으며, 집의 평수가 가족의 화목함을 보장할 수 없고, 연봉이 그 사람의 인격을 대변할 수는 없다. 진정한 가치는 숫자로 측정되지 않는다. 그러니 만약 당신이 우월한 존재가 아닌 비교할 수 없는 존재가 되고 싶다면 가장 먼저 삶에서 숫자를 지워야 할 것이다. 삶의 가장 중요한 것은 숫자가 담을 수 없는 것들에 있다.

[참고]
아이큐가 V 지혜를 측정할 수 없고,
친구의 숫자가 V 관계의 깊이를 증명할 수 없으며,
집의 평수가 V 가족의 화목함을 보장할 수 없고,
연봉이 V 그 사람의 인격을 V 대변할 수는 없다.
진정한 가치는 V 숫자로 측정되지 않는다.
그러니 V 만약 당신이 우월한 존재가 아닌 V
비교할 수 없는 존재가 되고 싶다면
가장 먼저 V 삶에서 숫자를 지워야 할 것이다.
삶의 가장 중요한 것은 V 숫자가 담을 수 없는 것들에 있다.

- [출처] 김수현 『나는 나로 살기로 했다』 -

127

아래 지문에 멈춤(V)을 체크한 후,
멈춤(V)을 신경 쓰며 읽어봅시다.

몸에 맷집이 있는 것처럼 마음에도 맷집이 있다. 이걸 '회복탄력성'이라고 한다. 마치 고무줄이나 스프링 같다. 수많은 과정을 겪고도 다시 일어나 도전한다. 넘어지고 일어서는 걸 반복하다 보면, 과정을 견디는 능력이 커진다. 세상은 청년들에게 말한다. 실패를 두려워하지 말고 도전하라고, 이유는 간단하다. 넘어지고 일어서면서 회복탄력성이 커지기 때문이다. 한 번 맞았다면 다음에는 비슷한 정도의 펀치를 맞아서는 결코 넘어지지 않는다. 결국 성장을 하려면 적절한 좌절은 필수인 셈이다.

[참고]
몸에 맷집이 있는 것처럼 v 마음에도 맷집이 있다.
이걸 v '회복탄력성'이라고 한다. 마치 v 고무줄이나 스프링 같다.
수많은 과정을 겪고도 v 다시 일어나 도전한다.
넘어지고 일어서는 걸 v 반복하다 보면, 과정을 견디는 능력이 커진다.
세상은 청년들에게 말한다.
실패를 두려워하지 말고 v 도전하라고, 이유는 간단하다.
넘어지고 일어서면서 v 회복탄력성이 커지기 때문이다.
한 번 맞았다면 v 다음에는 비슷한 정도의 펀치를 맞아서는 v
결코 넘어지지 않는다.
결국 성장을 하려면 v 적절한 좌절은 필수인 셈이다.

- [출처] 신영철 『신영철 박사의 그냥 살자』 -

128

③ 쉼(/), 멈춤(V) 활용하기

이번에는 문장 안에서 쉼(/)과 멈춤(V) 모두 체크하고, 신경 써서 읽어봅시다.

 아래 지문에 쉼(/)과 멈춤(V)을 체크한 후,
쉼(/)과 멈춤(V)을 신경 쓰며 읽어봅시다.

5월엔 행사도 많고, 돈 쓸 일이 정말 많습니다. 이럴 때에는 저렴한 쪽에 관심이 가기 마련인데요. 여러분, 생선구이까지 나오는 돌솥밥 정식, 얼마면? 얼마면 만족하시겠습니까? 잠시 후 저희가 공개해드릴게요.
오늘 낮에 갑자기 우박도 떨어지고, 천둥 번개도 치고 많이 놀라셨을 겁니다. 우리 인생도요, 살다 보면 예기치 못한 시련이 찾아오기 마련인데, 이때 이걸 어떻게 잘 극복하느냐에 따라서 인생이 달라집니다. 그 비법을 지금 공개합니다!

[참고]
5월엔 v 행사도 많고,/ 돈 쓸 일이 v 정말 많습니다./
이럴 때에는 v 저렴한 쪽에 v 관심이 가기 마련인데요./
여러분,/ 생선구이까지 나오는 돌솥밥 정식,/
얼마면?/ 얼마면 만족하시겠습니까?/
잠시 후 저희가 공개해드릴게요./
오늘 낮에 v 갑자기 우박도 떨어지고,/ 천둥 번개도 치고 v
많이 놀라셨을 겁니다./
우리 인생도요,/ 살다 보면 v 예기치 못한 시련이 찾아오기 마련인데,/
이때 v 이걸 어떻게 잘 극복하느냐에 따라서 v 인생이 달라집니다./
그 비법을 v 지금 공개합니다!/

- [출처] kbs 2TV 〈생생정보〉 중 -

129

실습하기 **일상**에서 **활용**하기

안정적인 속도로 말하는 방법을 배웠다면, 일상적인 말하기에 적용해봐야겠죠?
빈칸을 채우면서 여유 있게 안정적인 목소리로 말해보세요.

• 말 정지(pause)를 활용하여 짧은 문장을 말해봅시다.

벌써 _____ 입니다.

지난 시간을 돌아보니, 잘한 일과 후회되는 일이 떠오르는데요.

우선 가장 잘한 일은 _____ 입니다.

좀 더 구체적으로 설명드리면, _____ 에요.

반면, 가장 후회되는 일은 _____ 인데요.

_____ 때문입니다.

이를 계기로 더 이상 후회하지 않도록 _____ 할 계획입니다.

• 말 정지(pause)를 활용하여 스피치 해봅시다.

스피치 주제 : 인생에서 가장 중요하게 생각하는 것 3가지

_____

_____

_____

_____

_____

_____

_____

_____

_____

_____

_____

_____

_____

 배윤희 **보이스 트레이너**의 **미션**

앞으로 1주일 동안 친구와 대화할 때, 말의 속도에 신경 써서 말해봅시다. 말을 하다 보면 속도를 신경 쓰지 못할 수도 있는데요. 말이 빨라진다고 생각될 때, 말 정지(pause)를 활용하여 속도를 조절해보시기 바랍니다.

차가운 말투 &
아이 같은 말투

말은 머리보다 빠르고 마음보다 느립
니다. 그래서 말실수를 하기도 하고,
마음에도 없는 말을 해놓고 후회하기
도 하는데요. 순간의 감정을 다스릴 수
있는 방법은 계획을 가지고 말을 하는
것입니다. 툭툭 내뱉는 그냥 말하기가
아니라 목적에 맞는 말투로 연습해보
세요. '말투 하나 바꿨을 뿐인데' 놀라
운 경험을 하게 될 것입니다.

🎙️ [목표] 말끝에서 결정되는 말투 차이 이해하기

말투에서 감정이 표현되고, 말투는 말끝에서 결정됩니다.

    목소리는 전달력과 호소력을 결정짓기도 하지만, 또 하나 그 사람의 이미지를 대변하기도 합니다. 결정적인 영향을 끼치는 것이 바로 '말투'인데요. 사람마다 고유한 말투가 있죠. 상냥한 말투, 퉁명스러운 말투, 세련된 말투 등등 여러분은 어떤 말투를 가지고 있나요? 또는 주변 사람들로부터 어떤 말투라는 평가를 받으시나요?

    위의 그림처럼 말투에 따라 나는 기분 좋게 말해도 전화 속 상대방은 오해를 할 수 있습니다. 나의 의도와는 다르게 말이 전달될 수도 있다는 것이죠.

어떤 말투가 좋다고 단정 지을 수는 없지만, 문제는 내가 원하는 이미지와 구사하는 말투에 차이가 있을 때입니다. 예를 들어, 카리스마 있는 사람처럼 보이고 싶은데 아이 같은 말투를 갖고 있다거나, 친근한 이미지를 주고 싶은데 차가운 말투를 갖고 있다면 의도와는 다르게 오해를 살 수도 있습니다.

그렇다면, 말투를 교정할 때 가장 효과적인 방법은 무엇일까요? 바로 '말끝 표현'입니다. 말끝은 '~입니다', '~하는데요', '~했고', '~해서'와 같은 어미를 말합니다. 앞서 [Type 1. 작고 힘없는 목소리]에서 목소리가 작으면 자신감이 없어 보인다고 말씀드렸죠? 그때도 강조했던 것이 '말끝'이었는데요. 말끝을 흐리지 않고, 말끝까지 힘 있게 말하는 법을 알려드렸습니다. 그렇다면 이번에는 말끝 표현을 통해 상냥한 말투와 신뢰감을 주는 말투로 말하는 방법에 대해 알아보겠습니다.

상냥한 말투를 연출하려면 말끝을 길게 늘이거나 살짝 올리면 되는데요. 이렇게 말하면 훨씬 친절하고 밝은 느낌이 듭니다. 우리가 자주 접하는 상담원들의 음성을 떠올리면 감이 오실 거예요. 반대로 신뢰감을 주는 말투를 연출하려면 말끝을 짧게 표현하거나 아래로 내리면 됩니다. 좀 더 단호하고 냉정한 느낌을 줄 수 있습니다. 객관적인 일을 자주 다루는 검사나 기자, 경찰들의 목소리를 떠올리면 되겠죠?

연습을 하다 보면 '이건 내 스타일이 아닌데' 또는 '이렇게까지 해야 하나' 하고 내적 갈등을 겪을 수도 있습니다. 하지만 불편하다는 것은 새로운 방식을 연습하고 있다는 것이고, 그것이 개선의 시작임을 잊지 마세요. 나를 바꾸는 것이 아니라 상황에 맞는 말투를 하나 더 만드는 과정이라 생각하시면 좋겠습니다. 자, 그럼 훈련 시작해볼까요?

🎙️[트레이닝]
상냥한 말투 훈련하기

① 입꼬리 올리기

　보통 말투가 퉁명스럽거나 차가운 분들은 표정도 경직되어 있습니다. 특히 입꼬리가 아래로 내려갈수록 화가 난 표정으로 보이는데요. 입꼬리가 아래로 내려가면 딱딱하고 경직된 목소리로 표현될 가능성이 있습니다.

　여러분은 어떤지 확인해볼까요? 아래의 사진처럼 자신의 얼굴을 3등분 해보세요. 이마와 눈썹이 있는 ①번 부분, 광대뼈가 있는 ②번 부분, 마지막으로 입술이 있는 ③번 부분으로 3등분 하면 되는데요. 여러분은 말을 할 때, 어느 부분의 근육을 많이 사용하시나요?

만약 ③번 부분의 근육만 많이 사용하는 경우라면, 입꼬리가 아래로 내려가 있을 확률이 큽니다. 말을 할 때 윗니보다는 아랫니가 더 많이 보이게 되는데요. 이런 경우 퉁명스럽고 차가운 말투로 표현되기 쉽습니다.

반면, 밝은 표정과 상냥한 말투로 말할 때는 ②번과 같이 광대뼈가 도드라지는 모습이 보입니다. 윗입술 입꼬리가 위로 올라가기 때문인데요. 이로 인해 입안의 공간이 확보되면서 더 밝은 음성을 표현할 수 있습니다. 우리가 웃을 때 모습이겠죠? 자, 그럼 차이를 한번 느껴보겠습니다.

웃는 입꼬리   경직된 입꼬리

차이가 느껴지시나요? 입꼬리를 올린 상태로 "안녕하세요."라고 말을 했다가 입꼬리를 내리면 모든 근육이 경직되며 차갑게 보이는 것을 느끼실 겁니다. 따라서 상냥한 말투를 표현하기 위해서는 웃는 얼굴로 입꼬리를 올려서 말하는 연습이 필요합니다.

입꼬리를 올리고 밝은 표정으로 말해봅시다.

- 안녕하세요. OOO입니다.

- 처음 뵙겠습니다.

- 식사 맛있게 하셨습니까?

- 정말 오랜만에 인사드립니다.

- 와주셔서 진심으로 감사드립니다.

- 다음에 맛있는 식사 대접해드리겠습니다.

- 어떤 점이 궁금하신가요?

- 불편한 점이 있으시다면 언제든지 전화 주시기 바랍니다.

- 아~ 그러셨어요?

- 맞아요. 저도 공감합니다.

- 다음에 또 뵙겠습니다.

- 감사합니다. 즐거운 하루 보내세요.

- 이메일 주소 알려드리겠습니다.

- 지금 메모 가능하실까요?

- 담당 부서 확인 후 다시 안내드리겠습니다.

서비스직이나 교육, 영업 쪽에 종사하는 분들의 말투를 들어보면 말끝이 부드러운 것을 볼 수 있는데요. 상대방에게 상냥함과 친근한 느낌을 주기 위한 노력입니다. 부드러운 느낌은 말끝을 길게 끄는 것만으로도 충분히 표현이 가능합니다. 차가운 말투를 가지고 있다면, 말끝을 길게 끌면서 원고를 읽어보시기 바랍니다.

 말끝을 부드럽게 끌면서 상냥한 목소리로 읽어봅시다.

안녕하세요. 고객님~~~
저희 매장 안쪽으로 오시면~~
지금 딱 제철인 맛있는 캘리포니아 체리를 행사하고 있습니다~~~
체리는 여러분들도 아시다시피~~~
안토시안이 풍부하고요~~~ 항암 효과도 있죠~~~
특히 다이어트에도 아주 훌륭한 과일입니다~~~
5~6월이 딱 제철입니다~~~
제철 과일은 상품도 좋고~~~ 맛도 아주 좋습니다~~~
오늘 체리~~ 400그램 팩, 800그램 팩으로 구성되어 있습니다~~~
고객님~~~ 맛있는 체리 보시고 가세요~~~

고객님~~~ 오늘 저렴한 가격으로 드립니다~~~
주말 초특가 행사 중이고요~~~
9팩에 컵 홀더 증정 중입니다~~~
유기농 야채와 과일로 만든 어린이 주스입니다~~~
사과와 당근이 들어 있어 맛있고요~~~
다른 첨가물이나 당분은 들어가 있지 않고요~~~
아이들 장 건강에 좋은 유산균이 들어가 있습니다~~~
시음해보면 아이들도 다들 정말 맛있다고 해요~~~

③ 말끝 부드럽게 올리기

　말끝을 내리는 것보다는 올리는 것이 밝고 경쾌한 느낌이 들어 상냥한 말투를 만드는 데 효과적입니다. 너무 직선으로 어색하게 올리는 것보다는 부드러운 곡선으로 올리는 것이 더 자연스럽다는 점을 꼭 기억하세요.

그래요~⤴　맞아요⤴ [좋은 예]

그래요~　맞아요~ [나쁜 예]

말끝을 부드럽게 올리며 상냥한 목소리로 읽어봅시다.

안녕히 주무셨어요?

아침 9시에 드리기에는 좀 민망한 인사지만

"좋은 아침입니다."는 너무 사무적이고,

"진지 드셨어요?"는 청학동 같고,

어쨌든 잠을 푹 잘 자야 아침이 개운합니다.

의외로 밤새 잘 잤다는 분들이 드물어요.

저는 어젯밤에는 잘 잔 편인데 새벽녘에 깼어요.

마침 하늘을 봤는데 어찌나 색이 예쁘던지

혼자 보기 아까워서

찍어서 아침창 홈페이지에 올려놨습니다.

한번 들어와 보세요.

일찍 일어난 새가 벌레를 잡는다더니

일찍 일어난 덕에 멋진 풍경을 봤어요.

복권 당첨만 행운인가요?

우유 먹는 아기, 파란불의 신호등, 상쾌한 바람~

아침 보물찾기입니다.

행운 같은 아침 배경 음악을 깔아드리저요.

- [출처] 라디오 〈아침창〉 중 -

🎙️[트레이닝]
신뢰감 주는 말투 훈련하기

앞서 상냥한 말투를 만드는 훈련을 했다면, 이번에는 신뢰감을 주는 말투를 배워보도록 하겠습니다. 우리는 종종 청중을 설득해야 하거나 내가 알고 있는 정보를 상대방에게 자신감 있게 전달해야 하는 상황을 마주하게 됩니다. 여러분의 이야기가 더욱 호소력 있게 전달될 수 있도록 신뢰감을 주는 말투가 필요합니다.

① 말끝 짧게 표현하기

냉철하고 이성적인 직업군의 말투를 들어보면 말끝이 차가운 것을 느낄 수 있는데요. 감정이 들어가 있지 않은 말투는 상대방으로 하여금 똑 부러진다는 느낌을 줄 수 있습니다. 스마트하고, 또렷한 음성을 표현하기 위해서는 말끝을 길게 끌기보다는 짧게 표현하는 것이 좋은데요. 그러면 좀 더 신뢰감 있는 말투를 연출할 수 있습니다. 아이 같은 말투를 가지고 있거나 말끝을 끄는 습관이 있다면, 뉴스 속 아나운서처럼 말끝을 짧고 힘 있게 표현해보시기 바랍니다.

뉴스 속 아나운서를 생각하며 신뢰감을 주는 목소리로 읽어봅시다.

외래 진료를 위해 대기하는 사람들. 접수창구에서부터 시간이 오래 걸립니다. 경기도의 한 대학 병원에서는 새로운 시도를 하고 있습니다. 기계에 얼굴을 갖다 대자 1초도 안 돼 접수가 끝납니다. 1층에서 안면 인식만 하면 본인이 예약한 진료과에 자동으로 알람이 갑니다. AI 기술입니다. 의료 분야에서는 이미 AI가 광범위하게 활용되고 있습니다. 요로결석 치료를 위해선 몸속에 생긴 돌을 깨는 방법과 빼내는 방법이 있습니다. 의사는 데이터를 분석해 적절한 치료 방법을 선택해왔는데 이제는 클릭만 하면 수술 방법과 성공률을 알려줍니다. 우리 일상생활 속에는 이미 AI의 도움을 받는 것들이 상당히 많습니다. 다만 너무 익숙하다 보니 우리가 느끼지 못했던 것뿐입니다. 카카오택시나 내비게이션, 유튜브 영상 추천까지 모두 AI 기술이 적용된 겁니다. AI가 인간의 일자리를 위협한다는 우려도 있지만 단편적으로 해석하기는 어렵다는 지적이 나옵니다. 갈수록 진화하는 AI, 우리의 미래를 어떻게 바꿔 놓을지 주목됩니다. 연합뉴스TV OOO입니다.

- [출처] 연합뉴스TV 중 -

② 말끝 단호하게 내리기

　말끝을 내리면 단호하고 신뢰감 있는 모습을 연출할 수 있습니다. 이때는 말끝을 부드럽게 내리기보다는, 단호하게 내리는 것이 더 신뢰감을 줄 수 있습니다.

> 보고드리겠습니다.↘　감사합니다.↘　　[좋은 예]
>
> 보고드리겠습니다~~　감사합니다~~　[나쁜 예]

말끝을 내려서 확신 있는 말투를 만들어봅시다.

> 오늘은 신뢰감을 주는 말투에 대해 훈련해볼게요.↘
>
> 신뢰감을 주는 말투는 말끝을 단호하게.↘
>
> 중요한 단어는 힘 있게 표현하면 됩니다.↘
>
> 오늘부터 신뢰감을 주는 말투로↘
>
> 멋진 카리스마를 표현해보세요.↘

말끝을 단호하게 내리며 신뢰감을 주는 목소리로 읽어봅시다.

높은 울타리를 가운데 두고 한쪽은 미국 텍사스주, 또 반대쪽은 멕시코로 나뉘는 두 나라의 국경 지대에 와 있습니다. 얼마 전 울타리 틈으로 특별한 시소가 설치돼 화제가 됐는데요. 이렇게 두 나라 사이에 놓인 시소를 타기 위해서 양국 주민들이 모여들었습니다. 지금 보신 영상처럼 시소를 탈 때는 균형 감각이 무엇보다 중요하죠? 만약에 양쪽 균형이 맞지 않게 되면 이렇게 한쪽으로만 기울어지는 불안정한 상태가 되고 마는데요. 자, 호르몬 역시 마찬가지입니다. 호르몬은 너무 많거나 적으면 문제가 될 수 있는데요. 호르몬 불균형 상태가 오랫동안 지속되면 체중의 증가뿐만이 아니라 심각한 합병증이 발생할 수도 있습니다.

- [출처] kbs 〈생로병사의 비밀〉 중 -

실습하기 **일상**에서 **활용**하기

이미지에 어울리는 말투를 배웠다면, 일상적인 말하기에 적용해보는 시간을 가져야겠죠?
빈칸을 채우면서 상황에 맞는 말투를 연출해보세요.

• 상냥한 말투 또는 신뢰감을 주는 말투를 활용하여 짧은 문장을 말해봅시다.

[상냥한 말투로 말해봅시다.]

안녕하세요! 오늘은 제가 가장 아끼는 물건을 소개하려고 합니다.

제가 가장 아끼는 물건은 _____ 인데요.

이 물건에는 _____ 의미가 담겨 있기 때문이죠.

그래서 저는 항상 _____ 상황이 생기면,

_____ 을 떠올리곤 합니다.

그러면 _____ 되더라고요.

[신뢰감을 주는 말투로 말해봅시다.]

안녕하세요! 오늘은 제가 가장 관심 있는 분야에 대해 소개하려고 합니다.

제가 가장 관심 있는 분야는 _____ 인데요.

관심을 갖게 된 계기는 _____ 부터였습니다.

그때부터 지금까지 시간이 날 때마다 _____ 노력을 하곤 하는데요.

_____ 될 때까지 정진하려고 합니다.

• 상냥한 말투 또는 신뢰감을 주는 말투를 활용하여 스피치 해봅시다.

[상냥한 말투가 필요한 상황]

가장 친한 친구가 자신의 진로에 대해 나에게 조언을 구한다면?

_____

_____

_____

_____

_____

[신뢰감을 주는 말투가 필요한 상황]

내가 잘 아는 분야의 정보를 상대방에게 자신감 있게 전달해야 하는 상황이라면?

_____

_____

_____

_____

_____

 배윤희 **보이스 트레이너**의 **미션**

앞으로 1주일 동안 말을 할 때, 상황에 맞는 말투를 사용해봅시다. 자신의 하루를 되돌아 보면서, 친절하고 상냥하게 보여야 할 때와 신뢰감 있고 단호하게 표현해야 할 때를 구분 해 보고, 상황에 맞는 말투로 이야기하는 연습을 해보세요.

사투리
억양

당신은 꽤 괜찮은 사람입니다. 다만 서툴고, 걱정이 많을 뿐이죠. 처음부터 모든 게 능숙할 수는 없습니다. '할 수 있다'는 용기와 의지만 있다면, 지금껏 바라왔던 모습으로 변화할 수 있습니다. 혹여 타인의 부정적인 말과 피드백이 있더라도 위축되지 말고, 더 노력하는 계기로 삼아보세요. 트레이닝을 한 만큼 정말로 괜찮은 사람이 되어 있을 테니까요.

🎤 [목표] 세련된 억양 만들기

무난하고 밋밋할수록 표준 억양에 가깝습니다.

최근 영화나 드라마 등 다양한 대중 매체에서 사투리가 자연스럽게 등장하면서 지방색이 드러나는 억양이 하나의 개성으로 자리잡고 있습니다. 하지만 여전히 타지에서 생활할 때 해당 지역과 다른 억양 때문에 선입견을 갖거나 불이익을 당할까봐 고민하는 분도 많으실 겁니다. "고향이 어디세요?"라는 질문을 반복해서 듣는 것이 싫어서, 또는 지방색이 드러나는 억양보다는 서울말을 사용하는 것이 이미지나 전달력에 좋다고 생각하는 분들도 계십니다.

그런 분들을 위해 우리가 흔히 표준 억양이라고 부르는 '서울말'에 대해 알아보려고 합니다. 몇 년 전 인터넷에서 재밌는 영상을 봤는데요. '블루베리 스무디' 하나면 서울 사람인지 경상도 사람인지 확인이 가능하다는 내용이었습니다. 여러분도 한번 '블루베리 스무디'라고 말해볼까요?

보신 것처럼 경상도 사투리는 높낮이가 있는 직선 느낌의 억양이라면, 서울말은 곡선 억양에 가깝습니다.

150

또한, 경상도 억양은 높은 음과 낮은 음의 차이가 크지만, 서울 억양은 그 차이가 작아 평음에 가까운데요. 이러한 억양의 차이에서 지방색이 드러나게 됩니다.

경상도뿐만 아니라, 전라도, 강원도 등 각 지역마다 특유의 억양이 있습니다. 또한, 최근에는 한국을 찾는 외국인이 많아지면서 중국인, 조선족, 북한 이탈 주민 등 다양한 분들이 사투리 교정에 관심을 갖고 계십니다. 이 책에서 모든 지방의 억양과 국가의 특색을 담지 못해서 아쉽지만, 제시된 훈련을 열심히 따라 하다보면 서울말의 특징을 이해하고 사투리의 튀는 억양을 개선하는 데 큰 도움이 될 것입니다.

지방색이 드러나는 특유의 억양을 개선하려면 평음으로 말하는 연습이 필요한데요. 평음(平音)이란 한 음으로 말하는 것을 말합니다. 인공지능이나 기계가 말하는 것처럼 한 음으로 말하는 연습을 해보세요. 단, 연습용으로만 활용하세요. 실제로 말할 때도 평음으로 말하면 너무 딱딱하고 어색하게 들릴 수 있으니까요. 연습을 많이 해서 평소에도 자연스럽게 말할 수 있도록 노력해봅시다.

또한, 처음에는 자신의 억양이 올라가는지, 내려가는지 잘 구별이 되지 않을 수 있습니다. 따라서 연습할 때는 자신의 목소리를 녹음하고, 녹음한 것을 들어보면서 사투리 억양을 교정하는 것이 좋습니다.

표준 억양으로 훈련하기

① 음절 평음 훈련

처음부터 문장으로 연습하기보다는 음절 단위로 연습하면서 표준 억양에 익숙해지는 것이 좋습니다. 한 글자 한 글자 읽을 때 음을 높이지 말고 평음으로 글자마다 음을 낮춰서 읽어봅시다.

'나'
[좋은 예]

'나'
[나쁜 예]

"나/는/ 스/타/가/ 되/지/ 않/을/ 것/이/다,/ 전/설/이/ 될/ 것/이/다."/
공/항/에/서/ 수/하/물/ 노/동/자/로/ 일/하/며/ 음/악/의/ 꿈/을/ 키/
우/던/ 이/민/자/ 출/신/의/ 아/웃/사/이/더/ '파/록/ 버/사/라'/는/ 보/
컬/을/ 구/하/던/ 로/컬/ 밴/드/에/ 들/어/가/게/ 되/면/서/ '프/레/디/
머/큐/리'/라/는/ 이/름/으/로/ 밴/드/ '퀸'/을/ 이/끌/게/ 되/는/데/요./

152

② 어절 평음 훈련

한 글자 한 글자 음절 단위로 말하는 연습을 했다면, 이제는 어절 단위로 평음 연습을
해보겠습니다. 주의할 점은 어절 단위를 한 음으로 읽다가, 마지막 글자만 음을 낮춰서
읽어봅시다.

시대를/ 앞서가는/ 독창적인/ 음악과/ 화려한/ 퍼포먼스로/ 관중들을/
사로잡으며/ 성장하던/ '퀸'은/ 라디오와/ 방송에서/ 외면을/ 받을/ 것이
라는/ 음반사의/ 반대에도/ 불구하고/ 무려/ 6분/ 동안/ 이어지는/ 실험
적인 곡/ '보헤미안/ 랩소디'로/ 대성공을/ 거두며/ 월드 스타/ 반열에 오
르게/ 됩니다./

③ 문장 평음 훈련

이번에는 문장 단위로 나눠 평음 연습을 해보겠습니다. 한 문장 전체를 한 음으로 읽다
가 마지막 글자만 음을 낮춰 읽어봅시다.

그러나 독보적인 존재감을 뿜어내던 '프레디 머큐리'는/
솔로 데뷔라는 유혹에 흔들리게 되고,/
결국 오랜 시간 함께 해왔던 멤버들과 결별을 선언하게 되는데요./
세상에서 소외된 아웃사이더에서 전설의 록 밴드 '퀸'이 되기까지,/
우리가 몰랐던 그들의 진짜 이야기가 시작됩니다./

153

　지금까지는 문장을 끊어서 평음으로 글을 읽는 훈련을 했다면, 이제는 평소처럼 자연스럽게 말하는 느낌으로 아래 원고를 읽어보도록 하겠습니다. 두 번째 글자부터 음을 높이면서 자연스러운 둥근 곡선 억양을 만들어보세요.

 둥근 곡선 억양을 생각하며 자연스럽게 읽어봅시다.

"나는 스타가 되지 않을 것이다, 전설이 될 것이다."
공항에서 수하물 노동자로 일하며 음악의 꿈을 키우던 이민자 출신의 아웃사이더 '파록 버사라'는 보컬을 구하던 로컬 밴드에 들어가게 되면서 '프레디 머큐리'라는 이름으로 밴드 '퀸'을 이끌게 되는데요. 시대를 앞서가는 독창적인 음악과 화려한 퍼포먼스로 관중들을 사로잡으며 성장하던 '퀸'은 라디오와 방송에서 외면을 받을 것이라는 음반사의 반대에도 불구하고 무려 6분 동안 이어지는 실험적인 곡 '보헤미안 랩소디'로 대성공을 거두며 월드 스타 반열에 오르게 됩니다. 그러나 독보적인 존재감을 뿜어내던 '프레디 머큐리'는 솔로 데뷔라는 유혹에 흔들리게 되고, 결국 오랜 시간 함께 해왔던 멤버들과 결별을 선언하게 되는데요. 세상에서 소외된 아웃사이더에서 전설의 록 밴드 '퀸'이 되기까지, 우리가 몰랐던 그들의 진짜 이야기가 시작됩니다.

표준 억양 훈련을 했다면, 일상적인 말하기에 적용해보겠습니다.

빈칸을 채우면서 자연스러운 표준 억양으로 말해보세요.

• 표준 억양을 활용하여 짧은 문장을 말해봅시다.

오늘은 저의 고향에 대해 소개해볼게요.

저의 고향은 _____ 입니다.

_____ (고향)하면, 가장 유명한 곳이 _____ 에요.

혹시 들어보셨나요? 잘 모르시는 분들이 있을 것 같아 소개해 드릴게요.

여기가 유명한 이유는 _____ 입니다.

저도 한 번 가봤는데 정말 _____ 그렇더라고요.

여러분도 꼭 가보시길 추천드립니다.

• 표준 억양을 활용하여 스피치 해봅시다.

스피치 주제 : 지금 가장 듣고 싶은 말 한마디

_____

_____

_____

_____

_____

_____

_____

_____

_____

_____

_____

_____

_____

_____

_____

_____

_____

배윤희 **보이스 트레이너**의 **미션**

앞으로 1주일 동안 친구나 가족과 대화할 때, 사투리를 교정하겠다는 목표를 가지고 평음과 곡선 억양을 신경 쓰며 말해봅시다.

"목소리가 좋아지니, 자신감까지 생겼어요!"

저는 내성적인 성격에 말수도 없는 편이에요. 그래도 지금까지 큰 불편함 없이 살아왔죠. 사실 제 목소리 때문에 주변 사람들이 저보다 더 답답해하는 경우가 많았습니다. "말 좀 해라, 큰 소리로 말해라." 이런 식의 이야기를 늘 들어왔어요. 그런데 회사 생활하면서 회의도 하게 되고, 발표를 하는 자리가 많아지다 보니 말하는 것이 스트레스로 다가오더라고요. 동료 직원들에게 업무 전달도 명확하게 해야 하고, 사람들과 잘 지내려면 살갑게 말도 잘 걸어야 하는데, 그러지 못하니 스스로가 답답했습니다.

그러던 중 배윤희 원장님에게 보이스 트레이닝을 받게 되었는데요. 복식호흡과 발성법을 배우고, 이를 활용해서 말하는 연습을 꾸준히 하다 보니, 말을 할 때 저도 모르게 목소리를 크게 내고 있다는 걸 느꼈죠. '아! 이렇게 목소리를 내면 되는구나' 하고 느끼게 되었습니다. 단지 목소리만 좋아진 것이 아니라, 자신감까지 생겨서 이제는 말하는 게 두렵지 않습니다. 혹시나 저처럼 목소리에 자신감이 없는 분들이라면, 보이스 트레이닝을 꼭 추천합니다.

"목소리가 달라지니, 사람들의 대우도 달라지는 것 같습니다."

저는 웅얼거리는 목소리와 혀 짧은 소리가 큰 콤플렉스였습니다. 특히 'ㅅ, ㅈ, ㅊ' 발음이 새고 혀 짧은 소리가 많이 났습니다. 제 이름에 'ㅈ'과 'ㅊ'이 들어가는데요. 이름을 말하면 사람들이 잘 못 알아들어 또 말해야 하고, 그러다 보니 너무 불편하더라고요. 나중에는 말을 하는 게 두려워지고, 심지어 개명을 해야 하나 고민까지 할 정도였어요.

그러던 중 배윤희 원장님에게 발음 교정을 받게 되었는데요. 8주 동안 꾸준히 훈련을 하니 혀 짧은 소리와 새는 발음이 완벽하게 교정되었습니다. 사실 저는 혀 짧은 소리나 새는 발음은 정말 고칠 수 없는 거라고 생각했기 때문에 포기하고 살았었는데요. 지금은 발음이 샌다는 지적을 전혀 받지 않습니다. 이제는 사람들이 저의 말을 잘 알아들어 소통도 원활하게 하고 있습니다. 제 주관적인 생각이지만, 저를 대하는 사람들의 태도도 많이 달라진 것 같아요. 정말 목소리를 바꾸니 인생이 달라지는 것 같습니다. 발음이 새거나 혀 짧은 소리가 나는 분들! 포기하지 마세요. 발음은 의외로 쉽게 개선되니, 용기내서 보이스 트레이닝에 도전해보세요.

"전달력이 좋아지니 말할 맛이 나네요."

평소에 말을 못 하는 편은 아니었지만, 갑작스럽게 회사에서 발표를 많이 해야 하는 부서로 발령을 받고 나니 걱정이 많았습니다. 대화와 프레젠테이션은 다르잖아요. 외부 업체에 방문해서 발표를 하는 일이 많아 더욱 긴장이 되고, 더 잘해야겠다는 욕심이 생겼습니다. 그래서 아나운서처럼 똑 부러지게 말하고 싶어 배윤희 원장님을 찾아가 보이스 트레이닝을 받았습니다.

배윤희 원장님은 "아나운서처럼 말하면 너무 딱딱한 이미지가 될 수 있으니, 프레젠테이션에 맞는 목소리 톤과 자신에게 어울리는 말투를 찾는 게 더 중요하다."라고 조언을 해주셨습니다. 신뢰감을 주는 말투로 바꾸고, 천천히 안정감 있게 말하는 훈련을 하다 보니, 제가 하는 이야기에 더 집중하며 말할 수 있었습니다. 이렇게 훈련을 하고 회사에서 모의 발표를 했는데, 상사에게 큰 칭찬도 받았고요. 지금은 자신감 있게 프레젠테이션을 잘 해내고 있습니다. 말의 전달력을 높이고 싶다면, 지금부터 보이스 트레이닝을 시작하는 게 가장 빠른 지름길인 것 같습니다.

숨어있는 여러분만의 목소리를 찾는 순간, 인생은 달라집니다.

얼마 전 반가운 소식을 전해온 한 수강생의 이야기를 소개하려고 합니다. 그 수강생은 2014년 당시 S 대학교 홍보대사로 활동하던 대학생이었는데요. 전달력 있고, 신뢰감을 주는 목소리로 변화하고자 보이스 트레이닝을 시작했습니다. 그의 첫인상은 열의가 넘치고 적극적이었지만, 다소 말이 빨라서 발음을 뭉개는 습관이 있었습니다. 좋지 않은 습관을 개선하기 위해 열심히 보이스 트레이닝을 한 결과, 그 수강생은 안정감 있고 자신감 있는 목소리로 변화할 수 있었습니다. 그는 다른 동기들에게도 필요한 강의라 생각하여 저에게 강의 제안을 하였고, 그 제안 덕분에 저는 S 대학교에서 홍보대사 학생들을 대상으로 보이스 트레이닝 강의를 하기도 했습니다.

얼마 전 오랜만에 그 수강생이 메시지를 보내왔습니다.
"현재 수학 강사로 일하고 있고, 얼마 전 책도 냈습니다. 보이스 트레이닝 수업을 들었던 경험이 저에게 많은 도움이 되었습니다." 짧은 문장이었지만, 많은 생각이 들었습니다. 개인적으로는 스피치 강사로, 또 보이스 트레이너로서 다른 사람에게 긍정적인 영향을 주었다는 점에 뿌듯함도 있었지만, 목소리에 자신이 없었던 그가 이제는 목소리를 강점으로 많은 사람에게 영향력을 끼치고 있다는 점이 놀라웠습니다. 그리고 책 표지에 있는 그의 모습은 누가 봐도 전문 강사의 세련되고 자신감 있는 모습이었습니다.

많은 분들이 보이스 트레이닝을 통해 자신감을 가지고 긍정적으로 변화합니다. 하지만, 여기서 우리가 주목해야 할 점이 있습니다. 보이스 트레이닝이란, 여러분 안에 숨어 있는 목소리를 찾아가는 과정이라는 것이죠. 앞서 소개한 수강생도 빠른 속도와 뭉개지는 발음이라는 좋지 않은 습관이 있었을 뿐, 가지고 있던 목소리는 매우 좋았습니다. 단, 자신의 목소리를 발견하지 못했을 뿐이죠. 좋지 않은 습관을 걷어내고, 목소리를 제대로 표현하는 연습을 하면서 진짜 자신만의 목소리를 찾게 된 것입니다.

보이스 트레이닝에 관심을 갖는 많은 분들은 정작 자신의 목소리가 얼마나 좋은지 잘 모릅니다. "목소리 정말 좋으세요."라고 이야기하면, "그래요? 그런 소리 한 번도 들어보지 못했는데..."라고 말씀 하십니다. 그러면 저는, "그 좋은 목소리를 남들에게 들려주지 않았을 뿐이에요."라고 덧붙입니다. 보이스 트레이닝이 필요하다고 생각하는 분들은 스스로의 목소리에 대해 '나쁘다', '이상하다', '고쳐야 한다'라고 생각하지만, 사실은 '나쁜' 목소리, '이상한' 목소리, '고쳐야 하는' 목소리가 아니라 자신이 가지고 있는 목소리의 매력을 아직 발견하지 못했을 뿐입니다. 우리는 모두 자신만의 좋은 목소리를 베이스로 가지고 있습니다. 다만, 좋지 않은 습관으로 그 매력을 숨기고 살고 있을 뿐입니다.

보이스 트레이닝을 한 후에 이런 반응이 많습니다. "한 번도 이렇게 소리를 내보지 않았어요.", "이렇게 혀를 움직인 건 처음이에요.", "이렇게 소리를 내니 어색하지만, 자신감이 있어 보이네요."

반복되는 행동은 습관이 된다.

그리고 우리가 그 습관을 가치 있다고 여기게 되면,

그것은 우리의 운명이 된다.

— 마이클 록 『베네딕토처럼 일하라』 —

보이스 트레이닝이란 정해져 있는 좋은 목소리를 닮기 위한 훈련이 아니라, 원래 우리가 가지고 있는 매력적인 목소리를 다시 찾는 과정입니다.

이러한 작은 행동들이 습관이 되고, 습관이 반복되면 우리가 바라는 모습으로 변화할 수 있습니다. 가장 자신 없는 목소리가 가장 자신 있는 경쟁력이 될 수 있습니다.

이 책을 통해 자신만의 목소리를 찾길 바라며,

그 여정이 다소 지치고 지루하더라도 포기하지 않고, 끝까지 노력하시길 응원하겠습니다.

누군가에게 "목소리 참 좋으시네요!"라는 말을 들으면, 우리는 성공한 것입니다.

당신의 보이스 트레이너, **배윤희**

🖐 교육과정

☎ 02-6959-2923

주 1회, 총 8회

보이스 기본과정

나만의 매력적인 목소리는 말의 전달력을 높이고, 상대방에게 호감을 줄 수 있습니다. 건강하고 윤기 있는 목소리로 여러분의 가치를 한층 더 높이시기 바랍니다. 배윤희 원장 저서인 〈보이스 트레이닝〉을 교재로 사용하여 타입별 맞춤 훈련으로 진행됩니다.

교육대상
① 좋은 목소리로 개선하고 싶다.
② 웅얼거리는 목소리를 교정하고 싶다.
③ 목소리가 작고 발음도 정확하지 않다.
④ 말이 너무 빠르거나 지나치게 느리다.
⑤ 밋밋하지 않은 생동감 있는 목소리를 갖고 싶다.
⑥ 목소리의 전반적인 부분을 체계적으로 훈련받고 싶다.

주 1회, 총 8회

보이스 심화과정

보이스 기본과정에서 목소리 교정을 하였다면, 일상적인 말하기에 적용해보는 실전 훈련과정입니다. 다양한 말하기 상황을 연출하여 나만의 매력적인 목소리로 논리적인 말하기를 훈련할 수 있습니다.

교육대상
① 보이스 기본과정 수강 후 지속적인 훈련이 필요하다.
② 훈련한 목소리를 일상생활에서 자연스럽게 사용하고 싶다.
③ 타 교육 기관에서 목소리 교정을 하였으나 부족함을 느낀다.
④ 반복적인 목소리 훈련으로 부족한 점을 개선하고 싶다.
⑤ 좀 더 세련되고, 전문적인 목소리로 발전시키고 싶다.
⑥ 목소리 교정뿐만 아니라 말하기에 대한 자신감을 키우고 싶다.

새는 발음 교정 과정

혀 짧은 소리나 새는 발음을 집중적으로 교정하는 과정입니다. 혀 짧은 소리, 새는 발음은 혀의 길이와 전혀 상관없으며 잘못된 습관으로 조음점이 잘못되어 나타나는 현상입니다. 따라서 정확한 혀의 위치를 이해하고 훈련함으로써 습관으로 망가진 발음을 정확하게 교정하는 과정입니다.

교육대상
① 'ㄹ, ㅅ, ㅈ, ㅊ' 등 특정 발음이 되지 않아 고민이다.
② 혀 짧은 소리나 새는 발음으로 발음 교정이 시급하다.
③ 전반적으로 발음이 어눌하고, 웅얼거린다.
④ 발음 할 때 혀의 정확한 위치를 알고 싶다.
⑤ 치아 교정 이후 발음이 새는 것처럼 느껴진다.
⑥ 설소대 수술을 하였으나 발음 교정이 필요하다.

전화 사투리 교정 과정

지방색이 드러나는 사투리 억양 때문에 고민인 분들을 대상으로 전화로 사투리 교정을 하는 과정입니다. 전문 강사와 전화로 수업을 하며, 시간이 오래 걸리는 사투리 교정을 지속적인 훈련을 통해 표준 억양으로 습관화할 수 있도록 구성했습니다. 이를 통해 좀 더 세련된 억양으로 거듭날 수 있습니다.

교육대상
① 지방색이 드러나는 사투리 때문에 고민이다.
② 경상도, 전라도 등 사투리 억양 및 발음 교정이 필요하다.
③ 서울말처럼 부드러운 억양을 가지고 싶다.
④ 북한 이탈 주민 혹은 중국 출생자로 억양을 서울말로 교정하고 싶다.
⑤ 좀 더 전문적이고 세련된 억양을 가지고 싶다.
⑥ 거리가 멀고, 시간이 없어 오프라인 수강이 어렵다.

말투 교정 과정

말투를 보면 그 사람의 감정 상태나 이미지를 바로 확인할 수 있습니다. 따라서 상황에 맞는 말투를 구사하여야 합니다. 상냥하고 친절한 말투 & 전문적이고 신뢰감을 주는 말투를 자유롭게 구사할 수 있도록 훈련합니다.

교육대상
　① 아이 같은 말투 및 목소리 때문에 고민이다.
　② 무뚝뚝하고 차가운 말투로 종종 오해를 산다.
　③ 직업 특성상 친절하고 상냥한 말투가 필요하다.
　④ 전문직에 종사하고 있어 신뢰감을 주는 말투를 구사하고 싶다.
　⑤ 상황에 맞는 말투와 목소리를 자유롭게 표현하고 싶다.
　⑥ 자신의 말투와 목소리의 부족한 점을 보완하고 싶다.

스피치 기본과정

나만의 스토리를 기초로 논리와 감성을 더한 훈련을 통해 스피치에 대한 자신감 향상을 목적으로 합니다. 배윤희 원장 저서인 〈8step으로 완성하는 스피치 트레이닝〉을 교재로 사용하여, 단계별 맞춤 훈련으로 진행됩니다.

교육대상
　① 청중 앞에 서면 머릿속이 하얘진다.
　② 무슨 말을 어떻게 해야 할지 모르겠다.
　③ 심한 긴장으로 말하기에 집중이 안 된다.
　④ 논리적이고 설득력 있게 말하고 싶다.
　⑤ 간결하고 핵심 있게 말하고 싶다.
　⑥ 내성적인 성격으로 자신감 있는 표현이 서툴다.

스피치 심화과정

주 1회, 총 8회

스피치 기본과정에서 논리적인 말하기의 기초를 배웠다면, 이제는 스피치에 대한 확신을 가질 수 있는 무대가 필요합니다. 다양한 스피치 주제와 상황을 연출하여, 매회 실습 및 비디오 피드백으로 진행됩니다. 여러분도 대중 앞에서 자신감 있고 당당한 모습으로 변화할 수 있습니다.

교육대상
① 스피치 기본과정 수강 후 지속적인 훈련이 필요하다.
② 다수의 청중 앞에 많이 서보고 싶다.
③ 타 교육 기관에서 스피치를 배웠으나 부족함을 느낀다.
④ 반복적인 스피치 훈련으로 부족한 점을 개선하고 싶다.
⑤ 발표 기회가 적어 자신감이 부족하다.
⑥ 발표할 때 떨리지는 않지만 스킬을 향상하고 싶다.

발표불안 클리닉

90분, 1회 / 횟수 선택 가능

단순 긴장을 넘어 과도한 발표불안으로 스피치가 어려운 분들을 대상으로 집중 상담과 맞춤 훈련 과정으로 진행됩니다. 발표불안의 원인을 진단하고, 맞춤 솔루션을 통해 발표에 대한 자신감을 향상시키는 워밍업 코스입니다.

교육대상
① 여러 사람과 함께 수업을 듣는 것이 어려울 만큼 발표불안이 고민된다.
② 부정적인 피드백으로 발표할 때 많이 위축되어 있다.
③ 심한 떨림과 울렁증으로 청중 앞에 서는 것이 공포스럽다.
④ 얼굴이 붉어지고 목소리 떨림 증상이 심하다.
⑤ 스피치 실패 경험이 있어 발표하기 두렵다.
⑥ 스피치를 할 때 청중과 눈을 마주치기가 힘들다.

프레젠테이션 과정

중요한 발표를 앞두고 신뢰감과 전달력을 높여 성공적인 발표 목적을 달성하기 위한 과정입니다. 전문 지식과 어우러진 프레젠테이션 스킬을 통해 경쟁력을 높이시기 바랍니다.

교육대상
① 앞으로 프레젠테이션 기회가 많이 있어 연습이 필요하다.
② 중요한 발표를 앞두고 점검받고 싶다.
③ 프레젠테이션을 많이 하고 있지만 전달력을 높이고 싶다.
④ 프레젠테이션 기술 향상을 통해 회사에서 인정받고 싶다.
⑤ 업무상 잦은 발표 기회로 프레젠테이션에 부담감을 느낀다.
⑥ 경쟁 PT 프레젠터로서 역량을 높이고 싶다.

면접컨설팅 과정

입사 취업면접, 공무원 임용면접, 대학 입학면접, 편입면접, 경력직 이직면접 등 1:1 면접컨설팅 과정입니다. 제출한 지원 서류를 분석하여 예상 문제를 선별하고, 이에 대한 나만의 콘텐츠를 담아 답변을 함께 만들어드립니다. 또한 자신감 있는 목소리 및 이미지 메이킹을 통해 최종 합격할 수 있도록 맞춤교육으로 진행됩니다.

교육대상
① 대기업, 공기업 등 취업면접을 앞두고 준비가 필요하다.
② PT/토론 등 직무 및 실무면접을 준비하고 싶다.
③ 인성면접 및 임원면접을 앞두고 컨설팅이 필요하다.
④ 공무원/군무원/경찰/해경/소방/교사 등 공무원 임용면접을 앞두고 있다.
⑤ 수시 및 정시, 편입 등 대학면접 대비 컨설팅이 필요하다.
⑥ 면접에서 여러 번 떨어진 경험이 있어 면접에 대한 자신감이 필요하다.

주 1회, 총 4회

일상대화 기본화법 과정

대화가 어려운 이유는 다양한 유형과 상황에 유연하게 대처하는 것이 어렵기 때문입니다. 따라서 나와 다른 사람의 유형을 이해하고, 말하기-듣기-반응하기 등 각 단계에서 필요한 대화 스킬을 훈련하고 향상시키는 과정입니다.

교육대상
① 대화가 뚝뚝 끊기거나 대화의 시작을 어떻게 해야 할지 모르겠다.
② 내가 싫어하는 유형의 사람과 대화를 잘 하는 방법을 배우고 싶다.
③ 직설적이고 감정적이어서 손해를 보는 경우가 종종 있다.
④ 일을 할 때는 똑 부러진 편인데, 일상적인 대화가 어렵다.
⑤ 공감 표현이 서툴고 어색해 관계 형성이 어렵다.
⑥ 대화할 때 주로 듣는 편이라 존재감이 없다.

주 1회, 총 8회

세일즈 영업스킬 과정

성과 창출을 목적으로 영업스킬을 훈련하는 과정입니다. 영업에 실패하는 이유를 분석하고, 영업의 가치 설정, 성공하는 대화 구조 스킬까지 맞춤교육으로 실무에 바로 적용 가능하도록 구성되어 있습니다.

교육대상
① 현재 영업을 하고 있으나 성과가 좋지 않다.
② 상품 및 서비스 설명을 논리적으로 잘 하지 못한다.
③ 고객과 공감대를 형성하는 방법을 배우고 싶다.
④ 영업을 시작하는 단계에서 기초스킬을 배우고 싶다.
⑤ 오랫동안 영업을 했지만, 나의 영업스킬을 점검받고 싶다.
⑥ 매출 및 성과가 부진해 어떤 점이 부족한지 진단받고 싶다.

호감 가는 목소리의 8가지 비밀
보이스 트레이닝

초 판 발 행 일	2020년 04월 22일
발 행 인	박영일
책 임 편 집	이해욱
저 자	배윤희
편 집 진 행	이소영
표 지 디 자 인	손가인
편 집 디 자 인	신해니
발 행 처	시대인
공 급 처	(주)시대고시기획
출 판 등 록	제 10-1521호
주 소	서울시 마포구 큰우물로 75 [도화동 538 성지 B/D] 9F
전 화	1600-3600
팩 스	02-701-8823
홈 페 이 지	www.sidaegosi.com
I S B N	979-11-254-7006-9[03190]
정 가	13,000원

시대인은 종합교육그룹 (주)시대고시기획·시대교육의 단행본 브랜드입니다.